いい言葉はいい人生を生みだし、
いい人生はいい言葉を生みだす。
「遊行《ゆぎょう》」という言葉が、僕の人生を変えてくれました。
これで、生きるのが楽になりました。

— もくじ —

第1章 「遊行」を意識すると生きるのが楽になる

第3章　一〇〇万回立ち上がる覚悟

第4章 「自分革命」を起こす、発熱する言葉

第5章　「遊行」とは、「愛の海」に還っていくこと

第1章

「遊行」を意識すると生きるのが楽になる

遊行のススメ

人生はおもしろいはずなのに、生きるのは難しい。

どうしたら人生を生きるのが楽しくなるのか、考えてきました。

僕はいま、六八歳。ある壁にぶつかっています。

外から見ると、屈託なく、自由に生きているように見えるかもしれません。

でも、迷っています。悩んでいます。

若い頃から、迷ったり逡巡《しゅんじゅん》するクセがありました。だから、だらしのない自分をどうしたらシャキッとさせることができるのか、考え続けてきました。

一〇代には一〇代の壁や悩みがあります。

二〇代、三〇代にも、順風ばかりではなく、必ず逆風が吹きます。この時期に、チャレンジすることを経験しておくと、魅力的な人生を送るコツがわかります。

四〇代、五〇代では、大波小波の中で、気持ちがいい波もあれば、溺《おぼ》れそうになる波もあります。溺れても、溺れても、泳ぎきることが大切です。

六〇代は、人生をまとめる大切な時期です。この時期をうまく生きると、年をとることや、死ぬことが怖くなくなります。

七〇代、八〇代は、いよいよ人生を完成させる時期です。生きることの大変さを感じるときでもあります。いくつもの病と付き合わなければならない時期でもあります。でも、そこから自由になる方法は、いくらでもあるのです。

それぞれの年代に何かしらの問題があり、それを乗り越える——。これが人生です。

僕はあるとき、「遊行」「遊行期」という言葉に出合い、パッと目の前の霧が晴れました。

「静」の林住期はつまらない

古代インドの聖人は、人生を四つの時期に区切りました。バラモン教やヒンズー教の古い法典では、次のように人生を区切っているのです。

それは「四住期《しじゅうき》」といわれています。

「学生期《がくしょうき》」は生まれてきた命が、学び成長する時期です。ありあまるパワーが外に向かい、大切な人生の土台をつくります。複雑で難しい時期でもあります。ときには内へ向かいすぎ、自分を壊してしまうこともある危険な時期です。

「家住期《かじゅうき》」は学んだ土台をステップにして、成熟していく過程です。この時期に家族をつくり、家をつくる。人によっては会社、組織をつくり、リアルな世界に根を張ります。

「林住期《りんじゅうき》」は老年を迎えていく時期で、森や林に隠棲《いんせい》しながら、人間とは何か、生きるとは何か、さまざまな「人生の問題」を、解決しようとする時期です。哲学的で内向きです。目に見えない心の世界のことも考えます。沈思黙考。「静」を感じさせます。

「遊行期《ゆぎょうき》」は死の準備の時期、人生の締めくくりの時期ともいわれています。

「動」の遊行期がおもしろい

でも、僕の「遊行期」のとらえ方は少し違います。「人生の問題」から解放されて、自分に正直に、肩の力を抜いて、しがらみから離れて生きていく大切な時期だと考えます。この時期こそ好きに生きていいのです。「静」ではなく「動」を感じます。「遊行」を意識すると、外にはじけていくパワーが生まれてくるのです。

「遊行」とは、人によっては、解脱《げだつ》、煩悩《ぼんのう》から自由になることを目標にする時期だといいます。**でも僕は字の通り、「遊び、行く」と考え、フラフラしてもいいと考えています。この時期こそ、自分の好きな仕事や、やりたいことをするときでもあるのです。**

「遊行」を、死に向かうための厳《おごそ》かな時期と考えず、野垂れ死にしてもいいほどに自由になれる時間と考えると、人生がおもしろくなります。人生が楽になります。

「遊行」とは、一人の人間が子どもの頃のような、自由な心で生きること。先入観などにとらわれず、こだわりなど捨てて、〝遊び〟を意識するのです。さまざまな殻を打ち破って、生命のもっと根っこの部分で世界を生きることです。

野垂れ死にするほど自由に生きていい

僕は「学生期はこうだ」とか「遊行期はこうだ」とか、決めつけるのは堅苦しくて嫌いです。本当にこんなふうに、生き方がワクにはまって変化していくんだろうかと、疑問をもっています。古代インドの聖人にイチャモンをつけたい気分です。

「人間という秘密」にかぶりついて、迷いながら生きてきた自分としては、こんなに簡単に区分けをされてたまるか！と思っています。

僕は学生期に林住期で考えるような、「生きるってなんなんだろう？」なんてことを考え続けていました。家住期のときだって「どうしたらもっと自由になれるか？」と絶対自由な「遊行」に憧れていました。

人生を「四住期」にピタリと分けると、生きる魅力は失われてしまうのです。

「学生期」の人が遊行を意識するとき、素晴らしい人との出会いが起きるのです。

「家住期」の人が遊行のテイストをもって生きるとき、魅力的なことが起きるのです。

「林住期」の人がもうひと花咲かせようと、チャレンジしてもいいのです。

「学生期」の若者が遊行を意識して、「死を恐れず」夢中に生きるとおもしろい。

「家住期」の働き盛りの人が死ぬ気で新しい仕事を楽しめば、ビジネスも夢も達成できる。人生はうまくできています。

「林住期」なんて〝なんでもあり〟のはずなのに、森や林に隠棲しながら、いろいろ考えるだけなんて、なんだか、くだらないなと思いました。

いろいろな生き方をする人がいてもいいと思っています。みんなカタすぎる。

だから、「遊行期」の人も達観なんかしないで、人間臭くドロドロとした遊行をすればいいのです。**若者からお年寄りまで、女も男も「遊行」を意識してみたらどうかと考えてきました。すべての世代に「遊行」の意識をもって生きることをすすめます。**

毎日忙しい、経済的な問題がある、病気や障害を抱えている……。だから「遊行」なんてできない、と思われる方もいるかもしれません。でも、安心してください。「遊行」は全然難しいことではありません。

むしろ、苦しみの中にいる人が、「遊行」を意識し、生きることで、苦しみから解放され、人生を大逆転することだってできるのです。

僕自身、七〇歳を前に苦しんでいます。「贅沢だ」と非難されるかもしれない。でも、自分では、心の奥でもがいているのです。

これまでの自分は、本当に自分自身を生きてきたのだろうか。子どもの頃は、親や周囲の大人の期待に、そして大人になってからも同僚や患者さんのために、〝いい子〟や〝いいカマタ〟を演じて、無意識のうちに無理をしてきたのではないか……。

このまま老い、死んでいくときに後悔してしまうのではないか……。ここ数年、そんな悩みがしこりのように心の奥に生まれていました。

そこに、一筋の光のように、「遊行」という言葉、考え方が浮かんできたのです。

生きるのがグッと楽になりました。

誰でも、いつでも「遊行」を生きられる

人生はもっとダイナミックに考えたほうがいい。区分けなどせず、どの時期にも、いくつもの重なり合ったフェーズ（段階）を、自分の心の中にきちんともっていると、人生を強く生きられるようになるのだと思います。

しがみつかない生き方

どうしようもない私が、この本を書き出しています。
苦しんでいる、悩んでいる、迷っているカマタが、この本を書いています。
「また一枚、また一枚」と脱ぎ捨てて、本当の自分を見つけたいと思っています。
僕は、学生期のときでも家住期のときでも、心のどこかに「遊行」をしている

自分が見えていました。死は自分の近くに、いつもありました。死を歓迎もしていませんが、死を恐れてもいません。ただ、「生」にしがみつかないようにしています。

自分が生きている限り、死はどんなときでも自分のそばにあると意識していまず。恐れるのでもなく、おびえるのでもなく、積極的に受け入れるのでもなく、死は近くにいつでもあると考えてきました。ですから、四住期という考え方は、なんとも嘘っぽいなと思えてしまいます。

人間は、遊ばなければ！

普通の人生の道筋では、林住期を経て、遊行期に入ります。このとき僕たちは本来、歴史学者のヨハン・ホイジンガもいったように、「ホモ・ルーデンス」という「遊ぶ生き物」の姿を取り戻すのです。

遊行期にさしかかったら、「人生の問題」なんか横に置いて、幼い子どものよ

うに肩の力を抜き、無邪気に戯《たわむ》れながら、やがて土に還《かえ》っていけばいいのだと思います。

憧れている人が三人います。

きだみのる、稀代《きたい》の教養人です。ファーブルの『昆虫記』を翻訳しています。フランス語や英語に精通しており、『モロッコ紀行』は名著です。『人生逃亡者の記録』では常に違った視点から、人生や日本を見つめ続けました。定住を拒んで放浪して歩き、「遊行」そのものを生きぬきました。

もう一人は種田山頭火《たねださんとうか》。自由律の俳句を詠んだ人です。山頭火から学ぶことは多い。

「どうしようもない　私が　歩いてる」
「また一枚　脱ぎ捨てる　旅から旅」
「ほろほろ　ほろびゆく　わたくしの秋」
「濁《よご》れる　水の　流れつつ澄む」

濁れながらも澄んでいく人生、人生はそんなものかなと思います。

彼も「遊行」の人でした。

「遊行」が人生を輝かせてくれる

もう一人、大好きなのは、ポール・ゴーギャン。世界的な画家です。水夫をしたり、海軍に入隊したり、株式仲買人の仕事をしたり、一時的に利益をあげたときには、絵画作品の蒐集家になったり。

また、防水布の販売代理業もしたり、生きるために転々とします。事業の行き詰まりとともに、もともと絵が好きだったゴーギャンは、絵を描き始めます。あの有名なヴィンセント・ヴァン・ゴッホがゴーギャンの個展を開きます。そのくらい、ゴッホはゴーギャンの絵が好きだった。

フランス・アルルで、ゴッホと一時共同生活をするが、「遊行の人」ゴーギャンは、一か所にとどまることができません。ついに四二歳のとき、パリから離れ、未開の地、タヒチに向かいます。

いまのようなリゾート地のタヒチとは違い、未開のジャングルの中で、原住民たちと生活をともにしながら、傑作を描き続けます。そして、「我々は何処《どこ》から来たのか、我々は何者か、我々は何処へ行くのか」の大作を仕上げます。

僕はゴーギャンの絵を追っかけてタヒチに行きました。この原画が日本に来たときにも実物を観ました。すごい作品です。何もなく、未開の地でありながら、至福の島であることが見事に表わされています。この絵を描きながら、ゴーギャンは死を意識していました。このあと五四歳で亡くなります。

亡くなる数年前、水夫と大喧嘩をして、骨折をするなど、ゴーギャンは無頼でありました。亡くなる直前、パリからの手紙を受け取ります。

「見る者を混乱させる、だが、決して模倣を許さない作品をあなたは、太平洋から送ってきます。それはいわば、世間から消え去った偉大なる人物が創造したものです」

みるみるうちに、ゴーギャンは世界的な評価を得ました。

「遊行」をしながら、ゴーギャンは常に自分に正直でした。現地の人たちを愛していました。彼の激情がどの絵にも感じられます。彼の痛みがどの絵にも感じられます。

孤独、貧困、病気、絶望。そんな中で黙々と絵を描き続けたゴーギャンが大好きです。「遊行」が彼の人生を輝かせたのです。

寝たきりになっても「遊行」はできる

脳幹部梗塞で「ロックドイン症候群」閉じ込め症候群ともいわれる厳しい病態になっている中年の男性がいます。両方の手足をまったく動かすことができません。彼はわずかに動く唇や目の動きで、妻に意思を伝えます。パソコンのコミュニケーション補助具を使って俳句もつくります。自由律の俳句です。

僕は魅力的な地域包括ケアシステムを日本中に広めたいと思って、ウォーミングアップを始めました。在宅医療の若い指導医のO先生について、往診を始めました。いま、僕は「遊行」しながら、学生期を生きています。気持ちは熱いです。

O先生に連れられて、このお宅に行ったのです。

バリアフリーにつくられた彼の居室の壁には、彼がつくった俳句がびっしりと貼られていました。

「ああ　あきた　寝たきりにあきた　どうしよう」

悲しみやせつなさがあふれ、どこかユーモアが漂う句です。

ロックドイン症候群に冒されて体は不自由ですが、自由律俳句をつくるなど、心は自由に遊んでいました。自分自身の力で、一センチも体を動かすことができません。でも心の中で「遊行」をしていることがわかりました。

僕は感動しました。「まるで山頭火だ！」と声に出しました。

夫婦はよろこびました。奥さんの目に涙がたまっているのがわかります。

「パイン　味噌汁　アンパン　せんべい　甘酒　レーズン」

不思議な句です。何度も声に出して読んでみると、リズムがついてきます。

「すごいね」といってお宅を出ようとしたら、奥さんが「今日は力をもらいました」と、涙目で話してくれました。

「誰にも理解してもらえないけど、二人で自由に生きています」

「だから夫を施設に入れたくない。私も夫もここで自由に生きています」

すごい言葉だなあと思いました。彼のほうを振り返ると、聞こえているのです。うれしそうです。

ご夫婦は学生時代からの同級生。友情が愛情になったそうです。

5章で詳しく述べるように、人は、「愛の海」から生まれて、「愛の海」に向かっているのだと思いました。

寝たきりの人にも「遊行」ができることを学びました。

「なりたい自分」になれない自分

「ほろびゆくわたくし」の山頭火のフレーズから、「自分を壊す覚悟」という言葉が思い浮かびました。

濁れても流れながら澄んでいけるように、格好つけている自分を一枚一枚、脱ぎ捨てながら、本当の自分に出会う旅をしています。流れています。ですが、本当の自分には、なかなか出会えません。本当の自分がいまだによくわかりません。そしてその自分を壊す覚悟も、あるとはいい難いのです。

きだみのるは自分を壊す覚悟をもっていたように思います。僕はまだまだです。これが、僕が現在生きている、林住期から遊行期に重なり合って考え、悩んでいることです。

断捨離と「遊行」は切っても切れない仲

林住期から遊行期は、その人、その人が新たな人生の局面を受け入れ、肩ひじ張らずに、いろいろなものを整理し、遊びながら捨てていく時期です。

自分のまわりにこびりついた付着物を「断捨離」しながら、ピュアな自分に戻っていくための大切な時期だと思います。「遊行」と断捨離は切っても切れない仲なのです。

いま僕は六八歳。この年齢は、孔子の『論語』によれば、「六〇になれば耳にしたがう」べき年代。納得ゆかぬこと、しゃくにさわることに対する「我」を捨てて、素直に人の意見に耳を傾け、いろいろなものを包容すべき時期です。

それどころか、間もなく迎える七〇ともなれば、「心の欲する所に従って矩《のり》をこえず」ですから、本来は自然の摂理や真理に従って生きる時期。孔子はそう教えてくれています。

道を踏み外してもなんとかなる

孔子は少し杓子定規《しゃくしじょうぎ》なため、あまり好きではありません。僕はあまり立派な人間ではありません。『論語』は少し肩が凝《こ》ります。「矩をこえず」なんていわれても、ときどき道からはみ出して生きてきました。

ときには道端が見えず、どこが道なのかもわからなくなってしまうこともあります。知らないうちに矩をこえてしまうこともあります。人の道を踏み外してしまうこともありました。フトドキモノです。

社会的ルールよりも、自分の倫理観の中で生きたいともがいてきました。当然、社会の倫理と、自分の倫理観は違います。

孔子のいうように六〇を過ぎれば、我《が》を捨てて人の意見に耳を傾けるべきなのに、我を捨てることも上手にできません。できるだけ人とは違う自分の考えをもち、行動したいと思ってしまうのです。

でも、若い人にいっておきたい。

空気を読むことはとても大事。しかし読みすぎないことが、もっと大事。

目指す夢によって「我」のバランスが変わります。音楽家や芸術家になるのなら、圧倒的な強い我をもつべき。

ときにはあえて、空気を無視することも大事。起業することを夢見ているならば、強い我と、そして空気を読む力の両方が必要です。

しかし、空気は読めなくてもいいのです。あとでお話しするスティーブ・ジョブズは、空気を読めなかったからこそ、世界の先頭を走るようになりました。

この男のおかげで、日本の家電メーカーは、辛酸をなめさせられてしまいました。三洋電機もシャープも東芝も、企業のカタチが変わってしまいました。

空気は読めなくてもいい。あるいは、ときとして空気を読めないふりをするのもいいかもしれません。

孔子の言葉のように、あまりお行儀よくする必要はないのです。

あえて自分を変える

僕は七〇歳を目前にしても、相変わらず、迷い続けています。

人生はとてもシンプルなのに、人間にはなまじ心があるために、悩んでしまうのです。

哲学者ニーチェの『曙光《しょこう》』に「脱皮できない蛇は滅びる」という有名な言葉がありますが、滅びないために脱皮したい。だから迷い、悩んでいます。そして、

「迷っていいのだ！」という結論に達しました。迷いながら、悩みながら、何歳になっても脱皮を目指してみたい、そう思っています。

「脱皮」とは、あえて自分を変えることです。もしかしたら、それがいまの日本全体に必要な覚悟かもしれません。あいまいなままで、あやふやに、生きていける時代ではない。心底自分を見つめ、脱皮しないと、生きていけなくなっていくでしょう。

だから僕はこれまで、「悩まない」「怒らない」なんて自分にいい聞かせてきました。いまは「悩んでもいい」「怒ってもいい」と、天邪鬼《あまのじゃく》な考え方ももつようにしました。

天邪鬼っておもしろい。魅力的です。昔話に出てくる鬼の一種です。富士山を壊そうとしたといういい伝えもあります。あの天にそびえる富士山を壊そうなんて、大それたことを考えたのです。

誰もが考えつかないことをやろうとし、やりかけて成功はしませんでした。その一部が伊豆大島になったともいわれています。

みんなが考えないことを考えてみる。これが、人生にとって大事なことなのです。

若い人も、働き盛りの人も、「遊行」を生きよう

心というものは、とても複雑です。

とくに、僕は屈折しているくせに、心は軟弱です。行動は簡単明瞭にシンプルにできたらいいなあと思っているのに、うまくいかないのです。

この年になって「人生の途上」を生きているなんて、僕はまだ、夢みたいなことを思っています。

もう一度、汗をかきたい、新しい現場で、何かできないかと考えています。野垂れ死にになるかもしれません。それこそ「遊行」を意識しているのです。もう一回、わくわくするようなことをしてみたい。

とりあえず、医療の現場でウォーミングアップを始めました。三〇年間自分がやってきた地域包括ケアを再開したのです。

何ができるかはわかりません。傾いている医療機関の再生をしている事業者や、医療・介護の経営をしている人や、人材教育のプロや、地域活性化に取り組んでいるブランディングのプロや投資ファンドマネージャーなど、異業種の若者が集まってきました。

「遊行」を意識して、山の中の診療所か、離島の診療所に行こうかと考えて、いろんな人と会っているうちに、おもしろい人たちに出会ったのです。

「遊行」は、おもしろい出会いをつくってくれます。

日本を元気にできないか、官民が連携した社会的投資モデルであるソーシャルインパクトボンドという新しい温かな資本主義のモデルができないか、考え始めています。地域包括ケア研究所を東京に開きました。ソーシャル・ビジネス・ベンチャーのはじまりです。

二〇二五年までに「地域包括ケアシステム」を、国は日本中いたるところにつくることを提示しました。いよいよ僕らの出番です。

時代の流れを読もう。いまこそ「遊行」の時代なのだ

団塊世代が後期高齢者に突入する時期です。この時期に、いまのまま放っておくと、四三万人の介護難民が全国に出現すると予想されています。日本中に〝介護地獄〟が広がってしまいます。猛烈な「多死時代」がやってくるといわれています。いわゆる二〇二五年問題です。

だからこそ、前向きな「生」と「死」の哲学をみんながもつ必要があるのです。**すでに「遊行」の時代なのです。みんなが気づいていないだけです。**

介護の問題だけではなく、その人がその人らしく、イキイキと生き、最期までニコニコし、人生を終わらせられるように、愛の海に向かって命に寄り添うような医療が必要なのに、とんでもなく冷たい〝機械的な死の看取《みと》り〟が行なわれるようになってしまう可能性が強いのです。

でも命に寄り添うネットワークを、どうつくっていいのか、わからない地域も

あります。僕は三〇年ほど前から、在宅医療や健康づくり運動や、地域で死を看取る実践をしてきました。偶然、地域包括ケアをしてきたのです。これが日本中で役に立てそうなのです。

介護は、介護保険ができると同時に広がりだしました。大きな資本をもったチェーン組織や、地元の大きな社会福祉法人が福祉サービスの展開をしています。でも、これだけではダメなのです。

「遊行」の精神は小さなモノを大事にする

二〇〇六年にノーベル平和賞を受賞したグラミン銀行のように、マイクロ・ファイナンス（無担保少額融資）を行なって、やる気があるヘルパーさんや介護福祉士さんに、小さな資本の応援をしてあげられれば、おもしろい福祉サービスをつくり、若い福祉の専門家がオーナーになることもできるのです。

福祉の世界は、二〇〇〇年に介護保険制度ができてから、約一〇〇万人も雇用を増やしてきました。それでも人手が足りません。仕事に夢がもてないからです。

いい介護制度をつくれば、自分が企業主になれる。小さな福祉サービスを全国展開するチェーン店をつくる会社の社長になることもできるのです。事業を大きくするよりも、介護サービスの利用者や家族たちに、とことんよろこんでもらえるサービスをつくることもできるのです。

このようにいろんな夢の形があれば、もっと若い人たちが福祉の世界に入ってくる、そういう構造的な仕掛けをしていかない限り、二〇二五年問題は解決しないのではないかと思います。

「遊行」はおもしろい人間関係をつくる

若い人が「遊行」の意識をもっていくことも大切。就職だけでなく、起業も選択肢にしてもいい。ただし、若くして「遊行」を意識しても、介護のプロを目指す人たちは、たいがいはお金や土地、担保となるものをもっていないことが多いです。何ももっていない若者たちに、この国はとても冷たい。

その若者たちに、担保なしで新しい介護サービスをつくるための少額融資を行ない、同時にそこに人材の教育をしているプロや、看護や介護のプロがサポートし、カマタが定期的に介護の質を見て歩いていく、そんなチームができたらいいなと、夢みています。

資本主義のルールの中で、温かい資本主義にしていく、時代を変えてみたいと考えています。**誰でも、「遊行」の発想をもてば、これからおもしろいことができるはずだと、僕は信じています。**

さっそく、北海道のある地域と福島からSOSがきました。まず、夢をもつことが大事なのです。

「遊行」は「葉隠《はがくれ》」にも似ている

普段の僕は力みません。六〇代後半まで、力まない生き方をしてきてしまいました。でもいまは、もう一つの生き方があると確信し、〝リキミ〟始めています。**生きるって難しいですね。でも、人生はおもしろいです。大変だけど、おもしろいから、体の底から力が湧いてくるのです。**

若者や働き盛りの人も、「遊行」の意識をもつと、人生をおもしろく生きられるようになると思います。「学生期」や「家住期」に特有の〝義務感〟のようなものから、ふと自由になる。そして何か夢中になれるものを見つける。

山本常朝《じょうちょう》が武士としての心得を口述した『葉隠』の意識にも似ています。何か目標をもって生きようとするとき、「死にもの狂い」という言葉が頭に浮かびます。

死んでもいい、くらいに思っているときに、自然と物事は整ってきて、風向きや人生が変わりだすのです。

遊行という意識は、不思議な力をもっているのです。

「遊行」を意識すると、失敗が怖くなくなる

ときには、型破りな「遊行」の考え方に活路を見出せることがあります。

あえて自分を〝壊す〟覚悟が大切です。

それにはまず、自分を〝変える〟覚悟をもち続けていたいと考えています。

そのためには、自分を〝疑う〟覚悟が必要です。

自分をときどき顧《かえり》みなければなりません。自分がいつも怒りすぎになっているとすれば、その怒りは体の中にためて、何かを変えるエネルギーにすることが大切です。

怒ることはとても大事です。僕たちの社会が大人しくなり空気を読みすぎる中で、「怒髪天《どはつてん》をつく」ような人や〝雷オヤジ〟が少なくなってしまいました。

怒らないことによって、表面だけ上塗りをしながら中身を変えようとしないため、僕たちの国はとても弱い国になったように思います。一人ひとりの人間もエ

ネルギーに満ちあふれた状態から、ほど遠くなりだしているような気がします。

みんなが「まあしようがないか」「ほどほどでいいか」と思いだして、僕たちの国は熱い心がなくなりだしています。怒らないできた人はときどき怒ればいいのです。これは自分自身にいっています。怒らないカマタに「もっと怒れよ」と誘惑しているのです。一生に一回、ためていた怒りを爆発させるのもいいことかもしれません。

怒りは自分を壊すことにつながります。いま自分をつくっている過程にある若い人にとって「自分を壊す」なんて考えにくいかもしれません。

でもいつでも「つくったら壊せばいい」「壊したらつくればいい」と考えること。「最高モデルの自分をつくらなければ」などと考えなければ、生きるのが楽になります。若いからこそ、つくっては壊し、つくっては壊し、すればいいのです。その間に、ときどき怒ってもいいのです。そして人生を変えればいいのです。まず、自分を顧みて、自分を疑ってみてください。

「遊行」しながら生きていくと覚悟を決めた人は、怒りたいときには怒ればいいのです。自然に肩の力が抜けて、達観したように怒らなくなる人も、それはそれでいい。

「遊行」とは、あるがままに生きることなのです。

悩まない技術なんて、なんの役にも立たない

怒ることも怒らないことも、悩むことも悩まないことも、結局みんな同じです。

巷《ちまた》では、怒らない方法や、悩まない技術などをテーマにしたハウツー本があふれていますが、そんなもので人生の問題が解決するでしょうか。

力を抜くことも大事ですが、ここぞという土俵際では力を入れる必要があるのです。自分をまず動かすこと。自分の心が動き始めれば、必ずまわりの人が動き始めます。人を動かすなんて大それた考え方をしなくても、まわりが動き出してくるのです。まず自分です。

人間を行動に駆り立てるものは言葉です。言葉と行動は密接に関係しています。

とくに自分を変える覚悟をもつためには、自分を動かす言葉が必要なのです。

自分を動かす言葉をもっている人は、とても強い。自分の人生を力強くつくりあげていくことができます。そして意図しなくても、まわりの人が動き始めてくれるのです。それが言葉の力です。日本人の大好きな「阿吽《あうん》」や「空気」では、自分も人も動きません。

「遊行」を生きるためには、「言葉の力」が必要だと僕は考えています。それも、人生のさまざまな経験に裏打ちされた上質な言葉……。

だから丸ごと一冊、「遊行と言葉」にこだわった本をつくりたいと思いました。

「遊行を生きる」ために必要な言葉……。

心を揺さぶってくれる言葉、冷めた心を温めてくれる言葉。立ち上がる力を与えてくれる言葉、荒ぶる勇気を注入してくれる言葉。内側から、自分でつくった厚い殻を破ってくれる言葉。弱い自分が強く生きられるようにしてくれる言葉。思ってもみなかった言葉。自分の生き方とは反対の言葉。自分を壊して、新しい自分をつくってくれる言葉……。そんな言葉にこだわってみました。

「死」は恐れなくていい

僕は、イギリス・ウェールズの詩人ディラン・トマスの詩が好きです。

Do not go gentle into that good night.

素敵な詩です。一時代を築き、カントリーからロックまで総なめにするような画期的な歌をつくったアメリカの歌手で、二〇一六年のノーベル文学賞に決定した吟遊詩人のボブ・ディランは、このディラン・トマスに傾倒し、自分の芸名に使ったといわれています。ディラン・トマスの詩を自分勝手に訳してみます。

「夜という人生の終わりがとても穏やかだったとしても、簡単に気持ちのいい夜の中に入り込むな」

いくつになっても、燃え盛り、荒れ狂え。

怒れ、怒れ！　死がいつか来るにしても、怒れ！

ディラン・トマスに怒られそうです。勝手な訳です。

でもこの「あの快い夜の中に、おとなしく流されてはいけない」という詩は、すべての年代の人たちの心を揺さぶると思っています。

人生の終わりが近づいても、まるめ込まれるな。好きなことをしなさい。

まるで「遊行」をすすめているように思います。

人間は神秘的で、人生は曖昧だ

人間は秘密の存在です。

ドストエフスキーが兄ミハエルに宛てた手紙の中に、こんな文がありました。

「人間は秘密の存在です。この秘密を解かなくてはなりません。一生をこの秘密の解明に費やしたとしても、時間を無駄にしたとはいえない。僕はそういう秘密に取り組んでいるのです。なぜなら人間になりたいから」

たとえば、「人間は弱い動物（存在）である」といわれます。

でも、この言葉の裏には秘密が隠されています。

弱いけど強いのです。アーネスト・ヘミングウェイを見ていると、強そうだけど弱い。筋骨隆々で戦場を駆け回ったヘミングウェイは、自殺をしています。強そうだけど、弱かったのです。人間という生き物は、まだらにできている。でも一色じゃないからおもしろいのです。一色じゃないから、大変だけど複雑な魅力を醸し出してくれるのです。

僕なんか典型的です。強そうに見えるけど弱い。弱いけど強く生きぬかなければいけないと自分にいい聞かせています。とにかく、一回だけの人生、自分を生きぬくことが大事なのです。

よい人生はよい言葉でつくられる

生きていると意志や考えが曖昧になってしまうこともあります。そのまま人生が曖昧になってしまうこともあります。だから、言葉が大事なのです。そんなときには「弱いけど強い」と、自分にいい聞かせてみましょう。言葉が大事なのです。

混沌とした時代、日本中が少し元気を、自信をなくしているような気がします。そんなときにもう一回、一人ひとりが元気になり、エネルギーをためて、一人ひとりの人生が輝いておもしろくなるようにしながら、その総和として、この国が再び志の高い元気な、いい国になっていく、そういうきっかけになればいいと思っています。

そのためには、**まず一人ひとりがいままでとは違う「新しい人間」になることが大事です**。いま、あえて少し変わるために、刺激になるような言葉を選んでみました。

僕はかねてから、「よい人生はよい言葉でつくられる」と信じて生きてきました。自分の言葉や、古今東西の偉人や天才たちが格闘の末にたどり着いた含蓄のある言葉……。そんな哲人たちの言葉を自分流に噛み砕いたり、発酵させたりしながら、人生のバイブルにしてきました。

そんな言葉たちが、カマタという人間を形成していくうえで、とても役に立ったのです。僕の心の中に手繰《たぐ》り寄せられた言葉たちが、何十年も、自分の中で発酵したり、深化したり、革命を起こしたりして、ちょっとずつ意味を変えながら、だらしのないカマタを支え続けてくれたのです。

かつて『言葉で治療する』（朝日新聞出版）という本を書きました。言葉は「劇薬」であると同時に、「優秀な医師」でもあるのです。

よい言葉を、ほんのちょっぴり胸に秘めておくだけで、あなたの人生はきっと変わります。「新しい人間」に誰だってなれる。言葉には、そんな不思議な力があります。

そう信じています。

世界は闘う価値がある

生きるというのはとてもつらいことだ。
それでも、人間は苦境を乗り越えていく。
弱くて強い生き物・人間。

私は私でいることをやめない

文化放送の「日曜はがんばらない」というラジオ番組をもっています。

『なかったことにしたくない』という本を講談社から出した、元タカラジェンヌの東小雪《ひがしこゆき》さんをゲストにお迎えしたことがあります。生きる力を取り戻すために書いたけれど、迷い悩み、葛藤したといいます。本を出さないほうがいいのではないかと、怖気《おじけ》づいたこともあるそうです。

自分の体験と真正面から向き合うことで、「私」をきちんと生きようと思いました。私は私でいることをやめない。

彼女のすごいところです。東さんは二〇〇五年、第九一期生として宝塚に入団。あうら真輝《まき》の芸名で男役として花組に配属されました。

実の父から性暴力を受けていた。お父さんは地元でも演劇界でも一目置かれ、家庭でも非の打ちどころのない人だった。そのお父さんにされていることに、目をつぶっていたかった。結果として、不登校になり摂食《せっしょく》障害、痙攣《けいれん》発作や難聴が襲ってきた。自分を否定したい気持ちが強まった。リストカットもした。睡眠薬の大量摂取もした。二〇〇八年、父親は悪性リンパ腫で亡くなった。

父親が亡くなったあとも、迷い続けていました。でも「私は私でいることをやめない」という言葉に彼女はたどりついていくのです。彼女は自らの言葉で自らを救ったのです。

人間は負けるようにはつくられていない

丁寧なカウンセリングを受けながら、彼女は自分がレズビアンであることを公表しました。

カウンセリングと、小雪さんを受け止めてくれる当時のパートナーの大きな支えで、お風呂場で父から受けた行為から、徐々に立ち直っていきました。

彼女には、生きぬく覚悟があった。

そして自分で自分を救う勇気があった。

絶望の中では、とにかく生きることが大切。そのうちに、**迷いや悩みの中から、自分で自分を救う勇気が湧いてくるのです。人間は、弱くて強い生き物です。**

人間にはいろいろな人がいる。それでも、あきらめなければ、生きてさえいれば、人間は苦境を乗り越えられるようにつくられた存在なのです。

ヘミングウェイが、『老人と海』の中で、「人間は負けるようにはつくられていないんだ」と書いています。年老いた漁師が、巨大なカジキマグロを釣り上げた。でも大きすぎて船に上げられず、港に運ぶ間に、カジキマグロはサメなどの大きな魚に食われてしまった。そのときの漁師の言葉です。この老人も「遊行」の人です。

いい言葉です。巨大な魚と戦って勝ったことに、老漁師は満足していたのです。**人間は弱くて強い。負けそうでなかなか負けません。悩んだり苦しんだりしてもいいのです。人間は負けるようにはつくられていないのですから。**

絶望の中でも人は生きる

生きていると、絶望的な状況がやってくるときがあります。どんなときでも、それでも人は生きようとします。生きるためには、新鮮な空気を吸い込むことが必要です。ほっとする場や、憩《いこ》える場が必要なのです。

僕は二五年にわたって通い、支援しているチェルノブイリの被災地に救援に入ったとき、小屋のような家に住むおばちゃんと仲よくなりました。サマゴンという密造酒を飲ませてくれるのです。そこで僕らは気分転換をしました。
また、一二年通って支援するイラクの難民キャンプでも、新たなキャンプができるとすぐにいくつかのお店ができます。アラブの人たちはお酒を飲みませんですが、羊の肉と野菜を薄いパンではさんだ「シュワルマ」を食べさせてくれる食堂ができます。そこで人は情報を交換し合ったり、心を癒したりするのです。

絶望の中でも人は生きる。生きるためには工夫が必要なのです。

二〇一六年二月、東日本大震災で津波に遭った気仙沼にボランティアに行きました。お酒はあまり得意ではありませんが、気仙沼の仮設飲み屋街に少しでもお金を落とさなければいけないと思い、飲み屋さんに入りました。

ハーモニカというメニューがありました。おかみさんは、気仙沼の対岸にある大島で震災に遭い被災をし、ここへ出てきて飲み屋をやりながら、必死で生きています。震災直後に大島に診療に行ったので、この島の大変さはよく知っていました。

「ハーモニカってなんですか？」と訊《き》きました。

「カジキマグロの骨にこびりついている一番おいしい肉のところよ。それをから揚げにするの。まるでハーモニカのような形をしていて、その肉にしゃぶりつくのよ」

もちろん注文しました。とにかくうまかった。一五名ほどのボランティアの仲間で行きました。店はそれだけで一杯になりました。仲間の一人が「カジキマグロか……。ヘミングウェイだ！」といい出しました。

フカヒレだけでなく、この漁港ではカジキマグロも水揚げされるのです。普通食べられないところを食べさせてもらって、ヘミングウェイに思いを馳せました。

生きる価値のない人間なんていない

被災地は大変です。避難先で新しい人間関係がつくれずに、悩んでいる人たちは多い。子どもは新しい地域にすぐ慣れます。でも母親が引きこもりがちになってしまうことがあります。

老夫婦が、仮設住宅で生活をしています。おばあちゃんは、すぐに仲間ができた。おじいちゃんは、耕す畑も流され、仲間も散りぢりバラバラでやることがなく、新しい仲間もつくることができません。お酒に走ったり……。

ある夫婦は、震災で夫が仕事を失い、非正規の仕事についたものの、以前の収入に比べ、三割も減って、家の中での会話がなくなりました。一緒に生活していても、まるで一家離散のようです。

また、「生きている価値がない」という一〇代の子どもたちも多いのです。

東日本大震災を契機に、国の補助事業として二四時間電話相談「よりそいホットライン」が始まりました。その評価委員をしています。現在では全国展開をし、一日二万件もの電話相談がかかってきます。被災者の心の相談だけではなく、全国の自殺願望で悩んでいる人や、貧困の問題、セクシャル・ハラスメントやDV、どんな問題でも、ネットワークで答えていく相談事業です。電話相談なので匿名性が守られるため、たくさんの相談が寄せられます。

被災三県と、それを除いた全国の相談事例を比べると、被災三県では、自殺関連の相談が全国の二倍も多いのです。ほかに心と体の悩みや、家庭の問題や、人間関係の悩みも多くあります。生きている価値が見つからない人がいっぱいいるのです。

津波は君のせいじゃない！

中でも一五歳前後の子どもたちから「津波は自分のせいではないか」と、自分を責める電話が多数かかってきました。被災当時は小学生で子どもでした。そして思春期に入って、津波を思い出しながら、「家が壊されたのも、家族を失ったのも自分のせいではないか？　どこかで自分が悪いことをしたからではないか？」と自分を責めるというのです。僕たちにはわからない、心の悩みを抱えているのです。

人間って、自分を責めたり罰したりする不思議な生き物なのです。

二五歳前後の女性たちにも一つの傾向が見られました。彼女たちは震災で自分の人生を変えられてしまいました。妹や弟の面倒を見なければならないので東京から帰ってきた人もいました。寝たきり老人を抱え、仕事を辞めて家で介護役にまわった人もいます。自分のことは二の次にした結果、ずっとストレスをためてきました。

被災地では、地域のつながりが失われ、生活の激変などによって暴力の被害も強まっている。だまされて性風俗で働かされる若い女性たちも少なくないようです。

中学生や高校生たちの心のサポートも、若い女性たちの支援も必要です。**「どんなことがあっても、あなたは生きていていいんだよ」**といってあげる人たちが必要なのです。

そして**「人間は、負けるようにはできていないんだ。どんな絶望的な状況に陥っても、そこからまた生き直すことができるんだ」**と、伝えてあげられるようにしないといけないのです。

六年近く経ったから被災地はもう大丈夫、と思わないでください。心をもった「人間」という生き物が、想像を絶する災害に遭いました。たくさんの人が、絶望の中にいまもいるということを忘れないようにしたい。

「それでも人間は、負けるようにはつくられていない」と、僕は考えています。被災地に通い続けようと思っています。自分ができることを探し続けて、手を差し伸べ続けようと思っています。

悩みながら、自分を肯定することが大事

ヘミングウェイは、「世界は素晴らしい、闘う価値がある」と述べています。彼の人生は、マッチョで元気いっぱいに、一本道をまっしぐらにきたようにイメージされがちですが、じつは躁うつ気質があり、悩み、悶え、迷い続けてきました。**でも、堂々と悩み続けていたように思います。**そこから道が見えてくると彼は信じていたのだと思います。

ヘミングウェイは、悩みながら、ビッグになっていきました。**悩んでもいいのです。迷ってもいいのです。そんな自分を肯定することが大事です。**

七〇〇万年前にアフリカを出て、長い旅を続けてきた人類は、哺乳類の中でも

弱い存在です。その弱い人類が、どうやって生き残って、哺乳類の頂点に君臨するようになったのか……。それは人間が苦境を乗り越えられるようにつくられているからではないかと、僕は思っています。

苦境に陥ると、誰でも「もうだめだ」と、つい考えてしまいます。でも、そうではない。「負けるようにはつくられていない」と思い込めばよいのです。そうすれば自ずと陽気になれるし、自信も湧いてきます。

好奇心が人間を成長させる

もう一つ、「好奇心」も重要なキーワード。ホモサピエンスが「出アフリカ」を果たした背景にあるもの、それは「好奇心」です。**好奇心は人間を成長させます。人類の歴史の中で、常に新しいものをつくりだす源泉は好奇心です。**

好奇心は若い時代特有のものではありません。いくつになっても好奇心はもち続けられるし、それがあれば、人間は元気になれる。

「好奇心」「陽気でいること」「人間は負けるようにはつくられていない」

この三つを忘れなければ、どんな絶望に出合っても、人生をおもしろくつくり直すことができるのです。

バブルの崩壊以後、日本は元気を失い、僕たちは経済情勢に翻弄《ほんろう》されてきました。人間は景気がよければ浮かれるし、悪いと気分が沈みます。でもこの波は、いつの時代にもあるもの。そんな波に翻弄されないためにも、この三つのキーワードを忘れないようにしたい。

いくら経済環境が悪くても、人間の心さえ元気でいれば、社会がやがて変わってきます。

人生に落伍したって、たいして落ちるわけではないのだ

ヘミングウェイは第一次世界大戦後に登場した「ロストジェネレーション」の代表作家。日本では「失われた世代」というロマンチックな呼び方をしますが、

本当の意味は「自堕落《じだらく》な世代」。既成の道徳観に反発して、自分の思うままに生きていこうとする作家たちです。

ロストとは喪失。彼らは意識的に上昇志向や倫理観を超えて、自由の限界に挑戦していきました。やれそうでなかなかやれないことです。

意識的に自堕落になるって、かなり勇気がいることです。

でも、大切な何かを失うなら失ってみればいいのです。それでもなんとかなるのです。上昇志向だけが生きる道ではありません。坂口安吾《さかぐちあんご》が『堕落論《だらくろん》』の中でいっています。「人は正しく堕《お》ちる道を堕ちきることが必要なのだ」。そう思います。落ちるときは落ちればいい、**落ちたら上がる、そう考えていればなんとかなるものなのです。**

性暴力を受けていた東小雪さんの生き方を見ればよくわかります。落ちても失っても、それでも人は生きていけるのです。人間は負けるようにはつくられていない。

人生に点数なんかつけられない

ヘミングウェイの代表作である『日はまた昇る』は、そんな意識を如実に表現した作品です。

ヘミングウェイは〝男の美学〟を追求した作家です。本人はハードボイルドを地でいく人ですが、作品中の青年は恋する女性を前にして、愛情と欲望の葛藤で悶々とするのです。そんな青年の姿を通して、彼は男が本質的にもつ〝もろさ〟と〝哀しさ〟を表わしたかったのかもしれません。ぜひ、読んでもらいたい一作です。

『キリマンジャロの雪』も好きな作品。ヘミングウェイ自身ではないかと思われる老作家が主人公です。アフリカで感染症にかかり、熱にうなされて迎えの飛行機を待ちながら、自分の人生を朦朧《もうろう》とする頭で回想します。知の巨人である老作家が、「遊行」しているのです。

自分の人生を肯定できるかどうか。ここにも、とても大きな問題が横たわっています。

人生は複雑です。人生を生きていかなければならない人間、その人間がもっている心が複雑だから、どんなに単純そうに見える人生も複雑です。でもあなたにも「新しい人生」が待っています。あきらめないことが大事。

人生に点数などつけられないのです。

どんな人生も、「生きた」というだけで、評価されていいのです。

「遊行」する女性は魅力的だ

ヘミングウェイ原作の有名な映画「誰《た》がために鐘は鳴る」のヒロインを演じ、ゲーリー・クーパーと共演したイングリッド・バーグマンは当時、世界中の憧れの女優でした。

アカデミー賞を三度も獲得し、「世界最高の女優」と称されたこともあります。

性です。

「聖女」と讃《たた》えられたこともあれば、「悪女」と揶揄《やゆ》されたこともある不思議な女性です。

ハンフリー・ボガードと共演した「カサブランカ」は、いつまでも色あせない名作です。何度見ても、胸がキュンとなります。アルフレッド・ヒッチコック監督の「汚名」では、ケーリー・グラントと共演し、名演技を披露しました。

私生活では彼女は四人の子をもうけましたが、いつも〝愛する〟ことを怖れませんでした。「私は世界一、内気だが、心の中には獅子がいる」と語っています。

ピュリッツァー賞を受賞した世界的なカメラマンのロバート・キャパとの恋は激しかったと伝えられています。彼は、バーグマンにこんな言葉を投げかけています。

「仕事ばかりしていると、人間らしさを失って、ただの女優になってしまうよ」

バーグマンは、一〇年ごとに人生を大きく変えました。定住しなかったのです。スウェーデン、アメリカ、イタリア、フランス、イギリスと、住む場所も、付き合う相手も変えました。あえて強い「遊行」の意思をもっていたように思えます。

人生には悩み続けた人です。「自分のもっているものがわからなかった」と述べたことからも、それがうかがえます。でも迷いながらも、常に子どもたちを大事にしました。**それでも自分の愛と、自分の仕事は誰にも邪魔させず、自由に生きようとしました。「遊行」する女性は魅力的です。**

イタリアの映画監督ロベルト・ロッセリーニと不倫騒動を起こし、やがて子どもをもうけました。世界中からバッシングされ、とくにアメリカでは、彼女の映画の上映を邪魔する動きまでありました。しかし映画の仕事が激減しても、彼女は負けませんでした。

「成功は不運より危険で、人を堕落させるものだ」

といいきっています。そして映画の仕事が減っても自分を変えず、舞台に新しい可能性を見出していきます。

「自分らしく生きること」にこだわり、自由を大事にしたイングリッド・バーグマン。

女性でも、こんなふうに遊行のテイストを少しもつだけで、凛とした美しい人生が送れるのです。

人生には闘う価値がある

僕は、いま悩んでいます。遊行期に差しかかった自分の人生を振り返りながら、これでよかったのだろうかと悩んでいます。ヘミングウェイの言葉が僕を支えてくれています。

「世界は素晴らしい」「闘う価値がある」。迷いながらも、少しでも、この世界に自分の足跡を残していけるような生き方をしようと思っています。

「すべて優秀なものは陽気だ」というヘミングウェイの言葉を信じて、できるだけ陽気に振る舞うようにしてきました。どんなに土俵際に追い込まれても、「人間は負けるようにはつくられていないんだ」という彼の言葉も自分を支えてくれました。

いい言葉が人生の支えになりました。

アフリカのケニアとタンザニアの間にそびえ立つ、標高六〇〇〇メートル近い山の頂上の万年雪を眺めながら、彼はこんな言葉も残しています。

「知っているだろうが、僕が唯一失わなかったものは好奇心だ」

第2章

「ダメな自分」でも生きぬける

あえて、へこむという「遊行」

僕はしょっちゅうではありませんが、「自分はダメな人間だ」とへこむことがあります。**へこむとは、「素直に自分を見つめる」ということかもしれません。**

へこむことのよい点は、「ダメな自分」や「ブレる自分」を認めることです。

じつはアルコールやギャンブルなどの依存症の人には、へこむのを隠して、〝強がる〟人が多いことが知られています。

「ダメな自分」を認めたところから、自分革命は起きる

困難に直面したとき、素直に「助けてください」といえる人なら、アルコールやギャンブルなどに溺れなくてもすむかもしれない。でもそれがいえないために

苦悩を抱え込み、アルコールやギャンブルに逃避するのです。

いま地獄の苦しみの渦中にいる元プロ野球選手の清原和博氏は、まるでプロレスラーのように筋肉を鍛え、強そうに演じてきました。バッターボックスに入るときも長渕剛の曲「とんぼ」をかけ、ピッチャーを威嚇《いかく》するようでした。

いつも強いイメージを演じていたけれど、じつは弱い人だったのだろうと思います。弱いということを素直に見せていれば、あんなに異常に筋肉を鍛えなくてもよかったはずなのです。

イチロー選手を見てください。筋骨隆々ではありません。弱そうで強い体をつくってきました。清原氏は、鎧《よろい》のように強そうな外見《そとみ》だけに目を奪われていたのです。

彼が内面の強さの大事さに気がついていれば、もっと素晴らしい記録も残せただろうし、薬物依存に陥ることもなかったはずです。

強がるな、弱くてもいいのです

それでも、人間に手遅れなんてありません。問題は清原君、君がまず、自分を疑う勇気をもつことです。僕も偉そうなことはいえません。でも、まずは疑うことから始めてみたらどうでしょう。そして、自分を変える勇気をもち続け、いつか、自分を壊す勇気に到達できたとき、君は新しい清原和博になることができます。「自分革命」には遅すぎることはありません。いつでも熱い言葉をきっかけにして、自分の人生の革命はできるのです。

人生に手遅れなんてありません。「遊行」です。死んだ気でやればいいのです。

君が生き返ってくるのを、首を長くして待っています。焦らないで、一歩、一歩、進んでください。僕だって、生きてきた中で、つらいことを数々体験しています。へこむこともたびたびでした。いいのです。そこでへこんでしまっても、いいのです。

テレビの司会で有名な大塚範一《おおつかのりかず》さんとお会いしました。NHKの名物アナウンサーとして活躍した後、フジテレビに移籍して「めざましテレビ」のキャスターになりました。それから一七年目、二〇一一年に白血病と診断されます。

悪性化した未熟な細胞が多く、生存率は三割から四割と宣告されてしまいました。

「病気のことは詳しく調べませんでした」と大塚さん。

「性格が弱いから、詳しく知ると、闘う気持ちがなえてしまうような気がしまして……」

テレビの雰囲気とずいぶん違うんだなと感じました。「寛解《かんかい》導入療法」に成功しましたが、その間にヘルペスなどの症状に悩まされ、痛みに苦しみ続け、そしてようやく退院でき、復帰して新たな番組も決まった途端、再発が見つかってしまった。

「自分は自暴自棄になれないタイプ。がんばってもどうにもならないことがあることを知っているから、耐えられるのです」

がんばってもどうにもならないことがある。それが現実です。でも、自分の人生だから、自分革命も起こすことはできるのです。弱くてフラフラしながらも、あきらめなければなんとかなるときがくるのです。

自分の内側を疑え

大塚さんは常に、自分を疑う勇気をもっています。自分を見つめる力が強いのです。

「自分は強くはない。がんばってもどうにもならないことを知っているから耐えられる」というのは、素敵な言葉です。

弱くて強いという〝本当の強さ〟の形もあることを、忘れてはいけないと思います。

不思議な無手勝流《むてかつりゅう》です。へこたれることの繰り返し。でも、へこたれても、へこたれても自暴自棄にならず、あきらめない。風にそよぐ葦《よし》のように、やわらかくて簡単には折れない人なのです。

強くなくていいのです。やわらかく、風になびいていればいいのです。

必ず、逆風はやみます。

大塚さんのようなこんな闘い方もある。

へこたれてもいい、そのことがよくわかりました。

「へこんでみる」とは自分の弱さに気づくこと。弱さを隠さなければ、素直に自然に生きられます。

依存症の人に限らず、苦しくなったときには強がらず、泣きたいときには泣くこと。そうやって感情を解放すれば、人は立ち直り、のびのびと生きられるはずなのです。

人生を動かす原動力は「愛」と「飢え」

ユニークな生き方をする一人ひとりを見るたびに、僕は「脳のクセ」だと考えるようにしています。職場に変わった人がいても、その人の脳のクセだと思うと、けっこう大きく構えることができるようになりました。

このことに気がついたのは、三〇代で病院長をしたときです。

病院は専門職の多い職場です。みんな個性が強い。その個性の強い集団を一つのチームにするときに考えついたのが、「脳のクセ」というキーワードでした。

〝変わり者〟でもいいんだよ

常識なんかに縛られなくてもいいのです。僕自身も、いくつになってもおかしい、そう思うようにしたのです。思うだけでなく、実際に本当におかしな人間です。「思い込み」に陥らないように注意し、いろいろな考え方や見方があっていいのだと思うようにしてきました。

「前衛《ぜんえい》」といわれることもあります。ときには前衛の顔をした「後衛《こうえい》」といわれることもありました。どっちも正しいのです。少し進んだところもあるけれど、遅れたところもあるのです。

みんなと違うという理由で「異端《いたん》」といわれても、「変わり者」といわれてもいいのです。

負けないでください。おかしな人、大好きです。

物理学者アルバート・アインシュタインは「常識とは、一八歳までに身につけた〝偏見のコレクション〟のことをいうんだ」といい放つ。僕の好きな言葉です。

人類の進歩は道具や、火を使うことを覚えるなどの〝発明・発見〟に支えられてきました。芸術や葬祭もそうです。一〇万年前、人類はすでに埋葬の習慣をもっています。花も手向《たむ》けていたようです。「死」という概念が始まっていた可能性があるのです。

こうした革命は、神がかった一種の〝天才〟がもたらします。アインシュタインもその一人。彼は子ども時代、高機能性の非定型発達だったのでは、という人もいます。発達障害という言葉を使う人もいます。カタチ通りに成長しないというだけのことです。でもこんな診断名はどうでもいい。「少し変わっているユニークな子」というだけで十分。**変な病名やレッテルは不要です。**

それはともかく、アインシュタインは、周囲と協調できない、空気の読めない子でした。ですが人類の進歩には、こうした〝異端の人〟が不可欠なのです。

発達はみんな違って、みんないい

いま日本には、こうした非定型発達の子どもたちがクラスに一人か二人いるといわれていますが、日本は彼らが生きにくい社会。たちまち〝失格〟の烙印《らくいん》を押されてしまいます。日本人のノーベル賞受賞者で外国を拠点に活躍している人が多いのは、日本には「異端」を認めない風潮があって〝天才〟が生きづらい社会だからではないでしょうか。

アインシュタインの「相対性理論」の萌芽は一六歳。「もし鏡をもったまま光速で進むことができたら、自分の顔は鏡に映るのか？」に興味をもったのです。答えは「光と同じ速さだから鏡には映らない」ですが、その解説が素敵です。

「可愛い女の子と一時間一緒にいると、一分しか経っていないと感じる。でも熱いストーブの上に一分座らせられたら、どんな一時間よりも長いはず。相対性とはそういうことだ」

「相対性理論」というと、何やら難しそうですが、これなら僕にも想像がつく。遊んでいるような視点から、おもしろい発想は出てくるのです。でも天才は、光の速さと好きな女の子との時間を同じ土俵の上で考えられるけど、僕たちはそこまで類推することができません。

人生を変える、一つの言葉

一〇〇年前にアインシュタインが予言した重力波の存在が、二〇一六年二月に発見されました。地球から一三億光年離れた二つのブラックホールが合体したときに出たとみられる重力波を、地球上で検出したのです。なんとロマンチックな話でしょう。

相対性理論では、質量をもつ物体のまわりに生じる時空の歪みが、重力の源だと考えます。重力があるから僕たちは地球から浮かず、立つことができているのです。

この天才によって、地球上で人間としての営みをなぜ行なうことができるのかが理解できるようになってきたのです。

「時空の歪み」って素敵な言葉です。時空とは時間と空間のことです。時間はずっと過去、現在、未来ときれいに一直線に流れているように思われていたのに、天才は、そこに歪みが生じるのだと予想していたのです。

時間や空間にずれが生じるならば、人生を変えることだって簡単にできます。

でも、人生は重力波を使わなくても変えられるのです。自分を変えることで人生を変えることができるのです。

そこに、ほんの一つの言葉があればいいのです。言葉によって、人生は変わり始めます。自分に合った言葉をまず探しだし、それを心の中で大切にもち続け、熟成させていくことです。その言葉が、いつかあなたの人生を変えていくのです。

重力波の話を聞きながら感激しました。でも、言葉の力もすごいんだ、とあらためて思い直しました。

才能をつぶされるな

アインシュタインはもっている能力をつぶされず、発揮することができました。すべての人がアインシュタインほどの能力はなくても、いろいろな能力を持っているはず。その能力がうまく使われれば世界も社会ももっとよくなるはず。そう信じています。

天才の発想は、突拍子もなく広がっていく……。こんなふうに感性を育てる社会にしていけば、日本にも第二のアインシュタインが生まれるはずなのです。

「私には特別な才能はない。好奇心が強いだけだ」

とアインシュタイン。世間から天才と評価されても、本人は「才能がない」という。だけど好奇心だけは旺盛で、おもしろくなると夢中になってしまう。ヘミングウェイも好奇心旺盛でしたね。だから彼は「人生を動かす二つの大きな原動力は、愛と飢え」と語ります。「飢え」とは好奇心のことです。

好きな分野には貪欲だけど嫌なことはしない。だから教授に嫌われて大学に残れず、紹介状ももらえず、就職もままならなかった。能力は高いが生きるのが下手な〝人間音痴〟でした。でもやがてノーベル賞に到達する。他人がどう思おうと、自分が一所懸命ならいい。成功を望んだり変な色気を出さず、好きなことに夢中になるのが大事。

アスペルガーという高機能広汎性発達障害であることを自らオープンにしているお医者さんがいます。畠山昌樹《はたけやままさき》さん。とても魅力的な人です。

いま、子どもたちの六・三パーセントが発達障害ではないかといわれています。外国のデータでは一割近くいるというデータもあります。畠山ドクターが自分でカミングアウトしたのは、発達障害の人が生きにくさを感じているように思い、その相談相手になりながら、すべての人がもっと生きやすい社会にしたいから、と語りました。

ジッとしていられなくてもいい

彼は一人遊びが好きで、人ごみが嫌い、外出が大嫌い。「親友はいません」とはっきりといいます。関心のないことにはまったく反応しません。でも暗記は得意。空気は読めないし、読むつもりもないといいます。他人と心が通じ合うという感覚は一度もなかったと語りました。

近頃は、言葉の裏が読めない子どもが増えているといいます。日常生活の仕方にあきれたお母さんから、「あなたなんか、私の子じゃない」と怒鳴られた子どもが市役所に行って、自分の戸籍を調べたという話もあるそうです。

畠山さんは思春期に恋はしましたけど、うまくいきませんでした。結婚もしたけど、離婚に至りました。課題が出されると一所懸命やります。中高一貫校でしかも全寮制でした。ルールが厳しいと一所懸命課題をこなせるそうです。防衛医科大学に入学しました。ここもよかったそうです。ルールがしっかりあって、そのルールを守っていくことによって、医者の技術を磨くことができました。

仙台で開業してすぐに震災に遭います。でも危機を乗り越えたそうです。いま、クリニックをある法人に任せ、自分は整形外科医のパート医として働いているということです。ほめられると気分がよくなりますが、非難されたりけなされたりすると、過剰に反応して怒り、喧嘩になったり、泣き叫んで暴れることもあったそうです。

糖や炭水化物を減らし、「畠山式ケトン食」に切り替えてから、不必要な怒りの爆発はなくなった。そして感じのよい整形外科医に、技術と努力でなったといいます。

発達障害ではなく、発達の経過が違う「非定型性発達」なのです。そんなふうに、**障害ではなく、脳の個性と考えるようにしていたら、気分が楽になったようです。**

大学に入学したときも、いいことがいっぱいあったときでも、あまり幸せは感じなかったといいました。

個性豊かな人たちが、世界中に六パーセントくらいはいると考えて、その個性と上手に付き合うことが大事なのです。みんな同じ人間です。

ダメでも、変わっていても、いい

アインシュタインはお茶目で可愛い人物ですが、家族はさぞかし苦労したでしょう。一説では家庭で暴れることもあったらしいのです。

三八歳の頃、肝臓病を患い、数年間、自宅療養をします。このとき看病してくれたエルザ・レーベンタールを好きになります。やがて最初の奥さんとは離婚に至るのですが、奥さんが突き付けた離婚の条件は、「もしノーベル賞を受賞したら、賞金は全部私にちょうだい」。

約束をしました。二年後にノーベル賞を取ります。天才はすごいですね。そのくらい、自分の研究に自信があったのだと思います。そして賞金を全額、元奥さんに渡しました。

後年、自分とは直接関係ないものの、研究が原子爆弾開発につながったことで、第二次世界大戦後は、平和運動や核兵器廃絶運動に全力で取り組みました。

アインシュタインは、いくつになっても子どものようなところがありました。それは人間が生きていくうえでとても大切。僕の中にも、子どもであり続けようという気持ちがあります。でも気持ちだけで、なかなか、子どものようなピュアな行動は取れません。ここが天才とは違うところです。

アインシュタインに倣《なら》って、好奇心を旺盛にしてきました。

彼と同じように、僕も「多動性」気味です。「動きを止めてしまったら、カマタはカマタでなくなってしまう。回遊するマグロと同じ」と常日頃から思うようにしています。「動きすぎでもいいや」と、いくつになっても動き続けようと思っています。

「自分が逝きたいと思うときに逝きたい、やるべきことはやった。優雅に逝こう」そんなアインシュタインだからこそ、人生の最期に当たっては、「逝くときがきた」と肩の力を抜いている。さすが「遊行」の人。見習いたいところです。

「遊行」は「愛」と自由につながる

アインシュタインは、九歳のときにピタゴラスの定理を知り、感動します。寝るのも忘れて没頭したといいます。誰かに押しつけられ、義務で勉強するのとは違い、自ら難問に挑戦していく。一二歳のときにはユークリッド幾何学に挑戦し、楽しくてしょうがない。もう、この年齢で「遊行」的人生を送っています。

自分がやりたいことを見つめ続けています。

僕は「がんばらない」なんていいながら、カマタ流のテイストをつくってきました。**この一年、壁にぶつかりながら、「もっと大きくなれ、がんばれカマタ」といったり、「怒らないなんてきれいごとをいっているが、ときには怒ってもいいんだよ、カマタ君」などと自分に語りかけ、揺れ続けています。**

生きていくうえで、「……ねばならない」「……すべきである」といった義務感は、確かに必要でしょう。でもじつはそれでは、ほどほどのことしかできない。パワーがあふれてこないものなのです。

アインシュタインが残した中でも、最も好きな言葉があります。

「誰かのために生きてこそ、人生には価値がある。愛は、義務よりよい教師である」

意義や道徳で動いているときよりも、愛で動いているときのほうが生き生きして、楽しくなってきます。

自分だけでなく、まわりも巻き込む力を、愛はもっています。「新しい人生」を動かすものは愛です。

人生を動かすもうひとつの大きな原動力、飢え。ハングリーになることが大事なのです。そして最も大切なのは愛。人を愛し、ときには仕事を愛し、あるいは研究を愛し、ときには地域を愛し、ときには地球を愛し、一番やっかいな人類を愛す。

これこそ、まさにとらわれない自由、「遊行」そのものではないでしょうか。

世界の中で行なわれている戦争や、狂気や、卑劣な行為を変えることができるのは、愛しかありません。自分の中にどれだけ大きくて深い愛をつくりだし、それをあふれさせていくかが大事なのだと思います。

「遊行」とは自らが「愛の海」になろうとする実践

人間は複雑な生き物です。僕は一歳一〇か月でじつの親に捨てられたときから〝いい子〟を演じてきました。いまやっと、「なんで俺を捨てたんだ！」と、怒ったり、力んだりしようと、自分にいい聞かせています。

「いい子」を演じている自分に、気がついてきました。自分自身が〝作り物〟のような気がするときがあるのです。

「本物になりたい」「新しい人間になりたい」という思いがあります。

「この人は愛があふれていてすごいな」と思う人に、ときどき出会います。「自分はまだまだ」……。そういう意味では、人間として欠けた部分があると思っています。いつか……。自分自身が愛の海になれたらいいなと思っています。

「……ねばならない」と自分にいい聞かせて、いい子を演じてきました。義務で動くのではなく、愛で動ける人間になりたいと思っています。

「遊行」とは自らが「愛の海」になろうとする希望に満ちた実践です。

勇気とは自らの欠点を克服し、自分の道を行くこと

フランスにジャン・ジョレスという政治家がいました。いまでもフランス人の尊敬を集めていて、社会が苦境に陥るといつも「ジョレスが生きていたら」という声が出るほどです。パリの地下鉄には、その名前を冠した駅名が二つもあります。

「遊行」とは自由を目指す挑戦

ジョレスの言葉、「勇気とは自らの欠点を克服し、自分の道を行くこと」は、混沌として生きづらい時代が続くいまの日本にぴったりです。どんなに現実が厳しくても、決して負けてはいけない。

つらい現実をはねのけ、明日への希望を呼び込む力、それが「勇気」なのです。

「キリマンジャロの雪」というフランス映画があります。二〇一五年暮れにDVDも発売されました。人が人を思いやる素晴らしさが伝わる作品で、ぜひ観てほしいと思います。

題名からはヘミングウェイの作品を連想しますが、一九六六年にフランスで大ヒットしたパスカル・ダネルのシャンソンのタイトルです。美しく切ないメロディーは、はるか彼方のキリマンジャロへの憧憬を示唆しています。

映画の主人公ミシェルは労働組合の委員長。会社による人員削減を余儀なくされ、くじ引きで退職者を選ぶことになりました。委員長権限で自分をリストラ対象から除外できたのに、彼は自らくじを引いて退職するのです。

みんながつらい状況にいる。そんなとき、あえて貧乏くじを引く。そんな人がときどきいます。もうこの人には勝てないなと思います。

リストラをされる人の身になったとき、自分だけが傍観者にはなれなかったのです。主人公ミシェルは、**誰に命令されるわけでもなく、縛られるわけでもなく、自由に自分の判断で、貧乏くじを引きました。**

勇気のある人です。**彼は自由だからこそ自分の意思ですべてを決めました。貧乏くじを引く勇気をもっていたのは自由だったからです。**

ここにも「遊行」という「自由」を生きている人がいました。僕はうれしくなりました。

「遊行」とは「絶対自由」を目指した挑戦なのです。

仲間に慕われていたミシェル。夫妻の結婚三〇周年パーティーには大勢が押し掛け、「キリマンジャロの雪」の合唱と夫妻の長年の夢、アフリカ・キリマンジャロへの旅行券が贈られました。

悩むなら、〝堂々と〟悩んでいい

ですが、ある日の夜、突然強盗に押し入られ、現金もチケットも奪われてしまう。犯人はミシェルと一緒にリストラされた青年で、幼い弟二人を養うため、やむなく犯行に及んだのでした。

ミシェルは、もちろん悩みます。一刀両断に自分の選択を決めていません。悩みながら、悩みながら、リストラされた青年のつらさを想像していくのです。そして残された弟たちに手を差し伸べようと、決意するのです。

彼は〝堂々と〟悩んでいました。悩めばいいのです。弱いから悩みます。しかし、弱いから強くなるのです。弱さを知っている強さだから、強いのに柔らかくなる。

はじめから強いだけだったら、柔らかい強さなんて生まれてこないのです。ほんの少し勇気があると自分の人生を変えることができます。はじめに必要なのは、一歩前に出る勇気です。

「遊行」の意識があると勇気が湧いてくる

ミシェル夫妻は青年を憎むことなく、叱りもしませんでした。

この人たちは、上から目線で物事を考えない人たちでした。同じ困難の中を生きる仲間と考えたのです。

残された弟たちに食事を運ぶのです。心ない犯罪に巻き込まれ悲嘆に暮れながらも、困っている人に手を差し伸べる姿。それは喜びも悲しみも分かち合おうとする魂の気高さ、人のつながりの素晴らしさを語りかけてきます。

「人間は愛の海から生まれてきて、愛の海へ死んでいく」

ヒマラヤ大聖者で、ヨガの母といわれ、また、「遊行」を生きているように見える相川圭子《あいかわけいこ》さんから、瞑想の手ほどきを受けたときに聴いた言葉です。自分にこのようなことができるかどうかわかりません。でも、自分の人生を自分が生きなければ、なんのために生まれてきたのかわかりません。

さて、この映画ではジョレスの言葉が効果的に使われています。悲しみを振り払うように、主人公が、「勇気とは自身の欠点を克服し、重荷とせず、自分の道を行くこと」という僕の大好きな言葉をつぶやくのです。

ジョレスはこうもいっています。

「勇気とは真実を探し、それを語ることである」

勇気があるかどうかで人生は変わることがあります。この頃、僕たちの社会は、空気を読んだり、人の顔色をうかがったりして、「勇気を出す自由」があることを忘れているような気がします。

勇気と自由は密接につながっているのです。

そして「遊行」を意識している人間は自由そのものです。

「遊行」と勇気は密接につながっています。

「死」から逃げてはいけない

「私が死んだら、遺骸《いがい》は山野にそのまま打ち捨てよ」

荘子の臨終の言葉です。荘子が臨終を迎えるに当たって、弟子たちは手厚く葬ろうとしました。しかし荘子は「葬儀は不要。遺骸は放り投げてくれ」というのです。弟子たちは驚き、それでは遺骸が鳥や動物の餌《えさ》になってしまうと心配しました。すると荘子はこう諭《さと》したのです。

「棺桶《かんおけ》で私を包み、埋めたとしても、いつかは虫たちの餌になるだけだ。この期《ご》に及んで、食われる相手を選り好みはしないよ……」

自分の遺骸など猛禽類《もうきんるい》に食べられてもかまわない、丁寧に埋めたって、結局、虫にかじられるのなら同じことじゃないか、というのが荘子の教え。二三〇〇年前に、こんな人間がいたのです。大きな人物です。

「死」は、人生の問題の中でも大きな問題です。

荘子の思想の背景には、「死はあるがままに受け入れればよい」という思想があります。とかく人間は死を恐れますが、むしろ生死は昼夜が交互に訪れるのと同じように、自然の法則に則《のっと》って密接につながっている。だから死は決して無になるものではなく、むしろ〝根源に戻る〟ことで、そこに**「安らぎが待っている」**というのです。

死とは何か、なぜ人間は死ぬのか……。

冷静に考えてみれば、**0《ゼロ》で生まれてきた人間が、ただ、0に戻っていくだけ。**

ありのままを受け入れれば、この大問題は、無理なく解決することができます。

「死」を受け入れる勇気は誰にでもある

いま僕が住む長野県茅野《ちの》市には、「縄文のビーナス」があります。茅野市の棚《たな》畑《ばたけ》遺跡から発掘された、豊満な妊婦をかたどった土偶《どぐう》です。約四五〇〇年前のものとされ、日本の国宝で最古のものです。そこでは居住区域と埋葬場所が同じ所にある。生と死は一体で、この時代、死は恐れるものではなかったのです。

でもルネサンス以降、近代科学が大手を振るようになるにつれ、人間は死を怖がるようになり、少しでも長生きしたいと、死を忌《い》み嫌うようになりました。

僕は、学生期や家住期や林住期を変則的に経過しながら、とっくに遊行期に入っているような感じがしています。二五年前に「鎌田はチェルノブイリなんかによく行くなあ」といわれました。一二年前も「テロのあるイラクにどうして行くんだ」とよくいわれました。「遊行」を無意識に感じていたのだと思います。

どうせいつか死ぬと思っています。詩や文学や哲学が好きで、その中で、いつも死のことを考えてきました。そして、医者になりました。

僕たちの仕事は「人を生かしてなんぼ」と思ってきました。高度医療や救急医療が、一回きりの命を生かすためにどうしても大事なことなのです。

自分の中にあるエネルギーの九〇数パーセントは、命を生かすために使ってきました。でも僕は変わり者の医者でした。数パーセントはいつもどんなにいい医療があったとしても、人はいつか死ぬ、そう思っていました。

学生期のときも、病院づくりをしていた家住期のときも、「遊行」を意識してきました。諏訪中央病院が、ほかの病院と少しテイストが違っているのは、そのためかもしれません。

「遊行」が悲惨で残酷な「死」を遠ざける

「人間は死ぬ」ということを忘れないようにしようと思ってきました。せめて自分は死を受け入れられる人間になりたいと思い続けています。

いま、死を忌み嫌う傾向はますます強まっています。でも医師としてたくさんの人の死を見てきた僕には、**死を考えない人ほど悲惨で残酷な死が待っているように思えてなりません。**

臨終を迎えた親を囲んだ家族が、医師に「延命措置はどうしますか？」と問われ、「延命措置はいりません」と断るのは勇気がいる。

「少しでも長く生きていてほしい」と願うのは人情で、「人工呼吸器をつければ、もうしばらく生きられますよ」といわれれば、拒否はしにくいもの。でもその後に何が待っているのでしょうか。

たとえば胃カメラを使って胃に穴を開け、食物や水分、薬を流し込む「胃ろう」という治療法があります。内視鏡で簡単にでき、末期の患者さんもかなり命を永らえられます。

しかし病院はいつまでも置いてくれません。あるとき「これ以上の入院は無理なので、今後の対応を考えてください」といわれ、あわてて施設を探しても、そう簡単には見つからない……。

最近はどこの介護施設も看護師不足で、胃ろう患者の管理ができず、入居を拒否されることが多いのです。結局、自宅に連れて帰らざるをえなくなって、「こんなはずじゃなかった」と、そこではじめて「生と死」の現実に直面するのです。

もっと若い頃から、命のことや、生きること、死ぬことを考えていれば、自分の生き方を自己決定できるのです。胃ろうをしても、しなくてもいいのです。

自分の人生だから、自分で決めればいいのです。

「遊行」を意識してきた人は、自分の生き方や死に方を決めることができるのです。

迷い、悩み、考えは変わってもいい

「死を学んだ者は屈従を忘れ、死の悟りは、あらゆる隷属と拘束からわれわれを解放する」というモンテーニュの言葉があります。〝死の準備〟が必要なのです。死を避けたりせず、きちんと向き合う姿勢が、人間らしい生き方につながるのです。

僕は決めています。「胃ろうは嫌だ。人工呼吸器につながれてまで生きたくない」と、諏訪中央病院の緩和ケアのKドクターに伝えてあります。もちろん、「どんなことをしてでも生きていたい」と思うのも自由。大事なのは本人の意思をきちんと示しておくことです。

葬儀については考えが変わってきました。心変わりをしても構わないのです。**悩んでも、迷ってもいい。何度も迷う中で本当の自分の人生の終え方が見えてきます。**

はじめは自分の大好物を列席者に食べてもらいたいと、楽しいパーティーみたいにユニークな葬儀を考えていました。

しかしいま、荘子を繰り返し読んでいるうちに、「もっと自然に、この世の中とおさらばしてもいいかな」と思うようになってきました。葬式もいらないし、お墓にも入らず、遺骨も海に撒《ま》いてもらおうか……とか。それこそ「愛の海」に還《かえ》ります。

大事なことは、いまをどれだけ、しっかりと自分らしく生きるかです。僕はそれにこだわってみたいと考えています。だから「もっと迷え、もっと悩め」です。「そこで道が見えてくる」はず、だと思っています。

変幻自在に生きて、消えて逝く

僕はいま、林住期を脱出して遊行を意識しています。人間として成長をする最後の時期です。だからこそ、人生と格闘しています。

いまの自分を一歩踏み越える勇気をもちたい。あえて自分を壊す覚悟も必要と思いながら、遊行期に入ったら、肩の力を抜いて、あるがままに風のように柔らかく、変幻自在に生きて消えていければ本望だと思っています。

「遊行」の「遊」も大事にしたいと思っています。

ふわっと遊んでいるような空気が僕の周囲を覆うようになり、肩の力が抜けてきたらいいなあと思っています。

変幻自在に生きて、消えていけばいい。残されたわずかな時間、おもしろいことをしたいと思っています。

変な自意識や見栄を捨てて、この国を元気にすることにのめり込んでみたいと思っています。

遊行期は若い時代から始まっている人もいる

哲学者の池田晶子《いけだあきこ》さんは四六歳のときに腎臓がんで亡くなりました。でも彼女の残した素晴らしい本を読んでいると、元気なときから間違いなく死を意識しています。もちろん、哲学者ですから、死とは何かという人生の問題に、向き合い続けていたのだと思います。彼女も若くして「遊行」を楽しんでいたのだと思います。

彼女のすごいところは、頭でっかちに、生きるとは何か、死とは何かと考えるのではなく、もっとわかりやすく現実の世界の中で、死とは何かと考え、格闘していたところだと思います。

彼女の人生を見ていると、いつも学生期であり、そのうえで、表面には現われていないが愛する人がいて家住期もあり、そして若くして林住期の感もあります。**そして若い頃から一貫して裏側に流れている遊行の生き方が、見事だと思います。**

四半世紀も前に亡くなったのに、いまでもたくさんのファンの心をつかんで離さない、カリスマ的人気歌手の尾崎豊さんもまた、若くして「遊行」の人でした。音楽的センスや才能に恵まれ、それを生かして大スターになりながら、世間を冷静に見つつ、自由に生きようとした心は、遊行そのもののように思えます。

また、『エデンの東』『怒りの葡萄』で有名なノーベル賞作家のジョン・スタインベックはもう一冊、世界中で愛されている名作をもっています。『チャーリーとの旅』。

五〇代後半、彼は「孤独な時間が必要だ」と思い立ち、愛犬・チャーリーを伴って旅に出ます。バックパッカーの若者が世界一周の旅をするように、スタインベックはアメリカ一周、一万六〇〇〇キロの旅をするのです。

このノーベル賞作家も、遊行の心をもっていたのではないかと思います。

宮沢賢治も遊行の人だと思っています。宗教家に憧れたり、学校の先生をしたり、羅須地人《らすちじん》協会を設立したり。

遊行的な人生を歩んだからこそ、『銀河鉄道の夜』という傑作を生んでいます。

このストーリーも、現実の世界から離れ、宇宙か、あるいはあの世に行って還ってくる物語が語られ、最後に大切な友人の死が語られます。「遊行の物語」といっていいように思います。

遊行期が一番おもしろい

古代インドの哲人たちや宗教家が考えた四つの区分けは、じつは、四つの階段に発展的に変わっていくというものでした。

僕は、古代の哲人とは違った考えをもつようになりました。**四住期が二重、三重、四重に重なり合いながら生きていくとき、人生に面白味が出てくるのではないか、と。**

二四歳のとき、東京から長野県の茅野市に移るとき、地方の名もない病院に行こうとする僕を、仲間は心配して引き留めてくれました。でも、そこに行ったからって命を奪われるわけじゃない、と思ったのです。

いまから二五年前、チェルノブイリに行くときもそう思いました。いつでも万が一のことはあります。万が一のことがあると思うこと自体が、大事なのです。万に一つ、行き倒れになってもそれはそれでいいんじゃないかと、若くして思うようになりました。もちろん、元気で帰ってくるつもりでイラクの難民キャンプに行きます。しかし、いつも死は自分のそばにあると、納得をしています。

自分はいま遊行期を生きていると思ってみてください。生きるのが楽になります。

すぐに役に立たない「学び」が大切

僕自身は現在、遊行期と学生期を楽しもうとしています。

若いときにじゅうぶん、学びきらなかったと思っています。

いま、若い指導医の先生について在宅ケアを研修し直しています。緩和ケアについても、緩和ケア科のドクターについて、その基礎から勉強し直しています。人生はいくつになっても学ぶこと、一生、学生期だと思っています。

どこの土地へ行ってもいいように、準備をしています。新しい形で地域包括ケアをやれるように勉強のし直しをしています。

哲学書も読むようにしています。思考をし直す訓練をしています。愛を学ぶために小説を読みふけっています。

さらに、自分の感情をもっと豊かにするため、若いときよりもたくさんの詩を読み直しています。学ぶことも死の準備も、感じるまま、思いつくままに行なっています。

なんとかなる範囲の中で生きていけばいい、と思うようになりました。

肩の力が抜けてきたのかもしれません。

人間という生き物は生まれた以上、必ず死にます。そういう意味では、**僕たちは命を授かったときからすでに「遊行期」が始まっているのです。**

生まれながらの難病があり、一か月で命を終える子もいます。三歳で白血病で亡くなる子もいます。一八歳で肉腫になってこの世から去っていく若者もいます。一方で一〇〇歳まで生きぬく人たちもたくさんいます。

命は長さではありません。それぞれに意味があるのです。

どんなスーパーシニアでもいつか必ず、死がやってきます。

死に負けない勇気をもつことはとても大事なことです。

格好をつけない勇気

僕は「がんばらない」なんていいながら、いい子をがんばって演じてきました。肩に力が入っているのをできるだけ見られないように。自由気ままに脱力系で生きているような格好をしながら、誰かのためにとか、格好をつけていたように思います。

勇気とは自らの欠点を克服し自分の道を行くこと。

いままでやってきたようなことをもっと自然体で、人間への深い愛で動けるようになったらいいなと思っています。

死は近くなっています。

モンテーニュがいうように、あらゆるしがらみや縛りからもっと自由になっていいのだということを、「遊行期」に差しかかり、考え始めました。

もっと素の自分を出せるようになったら、最後の大仕事もできるような感じがしています。

荘子に出会って「もっと自然体で生きる」大事さに気づき始め、何か、新しい世界観にふれたような気がしています。

「新しい人生」が始まっているのかもしれません。

いい子を演じたり、格好をつけることが僕の生き方でした。ついついクセが出てしまいます。

格好をつけない勇気をいまこそもたなければならないと思っています。自然に、自然にと、自分にいい聞かせています。

「新しい人間」になろう

怒りや憎しみがあっていい。でもそれをきちんとコントロールしながら、自分のエネルギーに変え、自分を成長させ、社会を少しでもいい方向にもっていくバネにしていく——。人間だからこそできるのです。

革命家のチェ・ゲバラは、革命が成功しても、「新しい人間」ができなければ本当の革命ではないと考えました。自分自身が大臣になっても、日曜日には必ず農場に出てボランティアの一人として汗をかきました。

彼が語った「新しい人間」という言葉が好きです。僕はより深くて大きい新しい人間になりたいと、いま思っています。なかなか夢は達成できません。

死ぬまで新しい人間になるために人生の旅をしようと思っています。これが僕の「遊行」です。修行ではなく遊行です。「新しい人間」を目指しています。

第3章

一〇〇万回立ち上がる覚悟

孤独を恐れない生き方

「今日、ママンが死んだ」という書き出しで始まる小説『異邦人』を読んだ方は多いでしょう。フランスのノーベル賞作家アルベール・カミュは「人間とはわかりにくいもの」ということを〝わかりにくい〞文章で綴《つづ》った作家です。

一貫して「人生は生きるに値するか」「人生の目的とは何か」という問題をテーマに、「不条理」という言葉を世界に広めた人で、とかく「虚無的な」イメージがつきまといます。

でも彼の足跡をたどると、本当はかなり前向きな人で、「孤独でいられる強さをもつべきだよ」といっているように思えてなりません。

自分自身を拒絶するイキモノ、人間

僕は東日本大震災以後、東北の被災地に通い続け、「あなたの復興度は？」と訊いて回っています。町の復興ではなく「人間と人間」の関係の復興が大事だと考え続けてきました。そのためにはまず「一人ひとりの復興」が何より大切です。

「人間は、いまの自分自身を拒絶する唯一の生き物だ」とも、カミュはいっています。

人間はやっかいな生き物です。そのやっかいな生き物の人生は、とんでもなくやっかいなものになることがあります。

人間は進化して脳を大きくし、その結果、複雑な心をもつようになったのです。自分を否定する傾向が生まれてきました。なまじ責任感が強い人に多いのです。

東日本大震災の津波で、ある病院が流されました。「入院中の患者さん二〇名を助けることができなかった」と、ここの看護部長さんは、自分を責め続けました。

沿岸にあった病院は、たくさんの患者さんや医療スタッフを失いました。自分自身の安全すらままならない中、自分で動くことができない患者さんたち全員を助けることは不可能です。患者さんを助けようとして、自らの命を落としたスタッフもいます。

誰のせいでもないのです。でも人間は、「自分がもっとしっかりしていたら、全員を助けられたのに」と悔やむのです。

立ち上がるためには、まず自分を肯定しよう

Kさんという男性に、震災五周年に放映されたNHKの特別番組のスタジオで会いました。震災当日、夕暮れに差しかかっているとき、三人の子どもが屋根で助けを呼んでいました。彼は肩まで水につかり、津波を押しのけながら、助けに行きました。押し波が繰り返されていました。

一人を肩車し、必死に、押し寄せる波に抵抗しながら、右腕と左腕で一人ずつ

かつぎました。

雪が降ってきました。呼吸が苦しくなってきた。そのとき「助けてください」という声が聞こえたといいます。とっさに彼は「ごめんなさい」と叫びました。「この子たちを助けるのが精いっぱい」だったのです。

幸い、子どもたちを無事に救うことはできました。しかし、その声の女性は、翌日、亡くなっていました。

彼は自分を責め続けていたのです。まわりの人たちが「子ども三人を助けたのだから……」といっても、納得できませんでした。「助けてください」という声が、耳にこびりついていたのです。

医者の立場から見ても、おそらく低体温症になっており、エネルギーの消耗も激しく、もう一度水の中に入っていくのは無理だったでしょう。でも彼は、自分を責め続けました。一年間、悩み続けました。**人間は、自分を責める生き物なのです。**

挫折から逃げてはいけない

でも彼は、ここから這い上がります。助けられなかった女性の家に、お詫びに行きました。亡くなられた奥さんの御主人が、こういいました。

「妻の最後の様子を話してくれてありがとう。感謝します」

すごい言葉です。Kさんは救われました。

悲しみや苦しみは、一人ではなかなか癒すことはできません。**人間と人間の関係の中で、ときに奇跡的な癒しが行なわれるのです。絶望や苦しみや失敗を、きちんと見つめること、逃げないことです。**

人間は、ミスをする動物です。ミスをしても、しても、必ず取り返しがつくのです。人間は、うまくいかないとき、自分を責める動物です。責めてもいいのです。でも、本当の問題から目をそらさないことです。人生の問題にしがみついていると、いつかは、答えが見つかるのです。

時間がかかる人もいますが、人は必ず立ち上がるのです。

覚悟が大事なのです。一〇〇万回でも立ち上がる覚悟があれば、どんなときでも立ち上がれるのです。

「遊行」を意識すると、生き直すことができる

人間は、ときに自分を肯定できなくなります。自分を否定する生き物なのです。

責任感が強いのは大事なことです。でも、そこから立ち直らなければなりません。迷い、悩みながら、もう一度、自分を肯定できるように、生き直す必要があるのです。

先の看護部長さんは、しばらくたって、請《こ》われて介護の現場に復帰しました。おそらく祈るような気持ちで、立ち上がる勇気を起こしたのだと思います。

肩の力を抜いて、あるがままに、自分を生かす。

彼女の中には、「遊行」のような気持ちが芽生えていたのではないでしょうか。

被災地で介護を必要としているお年寄りたちを、必死で支えています。彼女の愛あふれる介護や看護を受ける患者さんたちから、彼女が生きている意味を知らされるでしょう。人生はうまくできています。

人間はすごい。あきらめなければ、必ず「人間の復興」が起きてくるのです。

震災から六年近く、建物以上に、人間の心の復興が問われています。そして、人間と人間の関係の復興が問われています。一人ひとりが自立していることが大事なのです。孤独に耐えていることが大事なのです。絶望にも無力感にも耐えながら、人間と人間との関係の中で、心の復興は行なわれていきます。

なんとなく傷をなめ合うような関係よりも、一人ひとりが毅然と孤独に耐えながら、人間と人間の関係が豊かにできあがっていくとき、本当の復興が始まるのです。

「孤独」は悲劇ではない

あえて孤独を選ぶ人もいます。カミュの言葉、「孤独は悲劇ではない。孤独でいられないことこそ悲劇なのだ」を地でいっています。

七六歳の女性、木本さんは末期の大腸がんで骨に転移が見つかり、東京から諏訪中央病院に転院してきました。すでに嫁いでいる二人の娘さんはとても親思いで、「世話するから家の近くの病院に転院して」といいます。「ありがたいし、孫の電話もうれしいけど、娘の邪魔をしたくない」と彼女。

僕は「もっと甘えていいんじゃない？　おしめを替えて育てた娘さんなのだから、今度は甘える番だよ」とすすめましたが、「赤ん坊を育てるのは親の義務。年寄りの面倒を見てもらうこととは違う」と、病室で藤沢周平などを読んで過ごしていました。

一人で死を迎える覚悟を決めているが、決してあきらめてはいない。孤独を恐れず、一人で生きて、一人で死んでいく。「遊行」はけっこう前向きなのです。

「人生には、たいした意味などない。でも意味がないからこそ生きるに値する」というカミュの言葉を自分流に解釈し、僕は背中を押してもらってきました。診察させてもらった木本さんもまた、最後の瞬間まで前向きでいたいと願い、従容《しょうよう》と死に向かっていたのです。まるでカミュのような人でした。

「絶望は自分が闘う理由がわからないこと、本当に闘わなければならないのが、何かわからないことから生じてくる」と、カミュは語っています。

カミュには「不条理」という言葉がついて回り、代表作『シジフォスの神話』では、シジフォスは山の頂まで石を運ぶことを神に命じられます。しかし頂上まで上げると石が転がり落ち、再び頂上にその石を上げる。彼は永遠にそれを繰り返していきます。

まさに「不条理」の世界。しかしこの作品の最後に、こんな記述があります。

「頂上に向かう闘争そのものが人間の心を満たすのだ」

僕はイラクに一二年間、通い続けています。いまはＩＳ（過激派組織イスラム国）に追われた子どもや女性たちを助けるのが主な目的。「人間はなんでこんなことをしてしまうんだろう」「聴診器でテロと闘う」なんていいながら、シジフォスの神話のように、崩された石を、とにかく崩されても、崩されても、上げ続けていく。

ＩＳのような、妄想にとりつかれたテロ集団との闘いも同じです。いつか、人間と人間の関係の大切さに気がつくときがくる……。そう信じて、再び頂上に向かって、石を上げ続けていこうと、自分を鼓舞しています。

これもまた、「遊行」そのもののように感じています。

「遊行」とは本当の自分に出会う旅

孤独は悲劇ではありません。木本さんは自分の実感を大切にしていました。藤沢周平を読み続けていました。彼女は自由でした。自らやりたいことをしていたのです。「遊行」を生きていたように思います。

読んでも、読んでも、彼女の人生を変える時間は、もう残っていません。本を読むのは、何かの役に立つからという理由で読む人もいますが、彼女にとっては、本を読むこと自体が彼女の支えになっていたのです。

本を読みながら「本当の自分」に出会おうとしていたのだと思います。

彼女には流されない力がありました。彼女から大切なことを教わりました。

孤独は悲劇ではなく、孤独でいられないことのほうが悲劇なのだと。

孤独の中でいま、この本を読んでくださっている方は、孤独でいることをぜひ肯定してみてください。

あえて一滴のまま生きる勇気

大河の流れにあえて乗らない生き方があってもいいのです。

命の一滴が、一つのしずくとなり、孤独に耐えている姿はとても美しいです。

いのちの一滴はいつか、土の中に入り、地下水脈を流れ、そして多くの川へと流れます。そんな大河の一滴になる生き方もありますが、あえて一滴のまま、毅然と孤独に耐えて生きる生き方も美しい命のありようだと思います。生き方はいろいろあっていいのです。

悲惨な運命を嘆くのではなく、もち上げては落ちる石を〝誠実に〟上げ続けることに生きる意味がある……。

カミュはそんなシジフォスを「幸福なのだ」といっています。苦しい状況の中で生きざるを得なくても、そこで必死に生きていくことの大切さを訴えているのです。

だから僕は、カミュは「虚無の作家」ではなく「希望の作家」だと考えています。

いつでも「新しい人生」の再出発はできるのだ

トルコに住む、二〇〇六年のノーベル文学賞作家オルハン・パムクに、『新しい人生』という小説があります。「ある日、一冊の本を読んで、僕の全人生が変わってしまった」という書き出しで始まる。

若者の人生を変えてしまう危険性があるということで回収されましたが、その本は古本市に流れ、この本を読んだたくさんの若者の人生が変わっていきました。

第二章の始まりの一行は「次の日、僕は恋に落ちた」。

一目惚れした同じ大学の女子学生を追いかけて新しい旅が始まる。人生が狂っていく。主人公はまるで「遊行」のような旅を続ける中、銃撃事件に出くわします。そして背後にトルコの西洋化を阻止しようとする秘密組織の存在を知ります。

ここで愛とは何かが語られていく。愛とは身をゆだねること。音楽であり、悲しみの詩。一過性のもの。一つのチューインガムを分け合うこと。痛み。電話が鳴るのを待つこと。全世界——。

こんな詩のような言葉が並ぶ。自分が若者だった頃、確かに電話が鳴るのにドキドキしたことがありました。愛とは電話のベルだったのかもしれない。でも、いまは携帯やスマホになって、愛の形が変わっていく。これが時代というものなのでしょう。

新しい時代の中に、新しい人間、新しい人生をどうつくっていくかが問われているような気がします。

「愛に満ちた海」を目指す

僕はここ数年、「人間とはどんな生き物なのか」という問いが頭から離れませんでした。「人間という秘密の存在」が。そして模索する中で「生れ生れ生れ生れて生の始めに暗く、死に死に死に死んで死の終わりに冥《くら》し」という、空海の言葉に出合いました。

すべての動物は自分の力だけでこの世に出現できません。母親のお腹、そのまた母親のお腹という形で、連綿と受け継がれてきた生命の歴史の結果、いまの僕がいる。そうすると、自分の命は自分だけのものではないのだと納得します。

「人間は暗いところから生まれてきて、暗いところに還っていく」という、空海のこの世界観が大好きです。

暗いところというのは、決して地獄ではありません。僕は勝手に、「愛に満ちた海」と考えるようになりました。

愛に満ちた海から生まれてきて、人は愛に満ちた海に還っていきます。その間が僕たちの人生になるのです。人生の途上を生きる自分自身が愛に満ちた海になれたらいいなと思っています。

もちろん、そんなに大きな人間ではありません。でも、たくさんの人たちが泳げるような大きな海に、自分自身がなれたらいいなあと、思っています。

「遊行」することは、愛の海になろうとすることかも……と思っています。

いま地球上に生きるすべての生き物は愛の海でつながっていて、みな、三八億年の歴史を背負う、かけがえのない生き物なのです。僕らの生命は限りがあります。

でも、地球に生命が誕生してからの三八億年の命の連鎖につながっていると思えば、その命をよりいっそう、慈しみたくなるのです。

立ち上がる勇気をもとう

僕の勤める病院に、六〇歳のある患者さんが入院してきました。がんはすでに末期で、彼女は死を受容していました。でも気がかりが一つ。それは二か月前に植えた花の種のこと。そこで彼女はリハビリを受けることを決意し、足腰を強化しました。外出できるようになりました。花を見る時間がくることを楽しみにしていました。

夢は、実現するのです。彼女のリハビリの努力は、よい結果を生みだしたのです。一度だけ家に帰ることができました。

「私は自分の命の限界を納得していました。私自身が植えた花を見ることができなくても、家族がその花で心を癒すことができたら素敵だなと思って植えました。まさか自分で花を見ることができると思いませんでした。満足です。とても楽しい人生でした」

彼女は病気に負けていません。病気という壁に打ちのめされても、立ち上がりました。人は立ち上がれるのです。彼女流の「遊行」です。

彼女は見事に「遊行」を生きぬきました。

彼女は人生の問題から逃げませんでした。死を怖がりませんでした。

死を前にした闇の中で、彼女は真の明るさを見つけたのです。

執着から手を放してごらん

「遊行」しながら新しい生き方を確立していった空海は、こんなことをいっています。

「心暗きときはすなわち遇《あ》うところ、ことごとく禍《わざわい》なり」

心が暗いときはすべてが禍になるが、心明るく過ごせば、出会うものすべてが人生の宝物になるというのです。

では、「心暗きとき」と「心明るきとき」を分けるものは何か。それは「執着」

だというのです。人間の執着が苦難、すなわち「無明《むみょう》」を招き、その執着が幸福を遠ざけてしまう。

「幸せも不幸せも、結局は心がつくりだすもの」と空海は諭しました。心のありようで物事は変わるということです。

人間は、執着したものにこだわる生き物です。苦しいときには執着したものを、一度手放してみたらどうでしょう。

手放してみたら、あまりたいしたものではないことに気がつくことがあります。手放して、今まで以上に自分にとっては大切なものだったと気づくことも。

そのときは、もう一度、しがみつけばいいのです。苦しくなったら一度、手を放してみること。とても大切なことです。

執着は、小さな愛から始まります。その小さな愛は、いびつになりやすく所有欲につながり、嫉妬《しっと》や葛藤《かっとう》を生みだしていきます。

ストレス社会の中で生きぬく方法として、禅とか瞑想とかマインドフルネスなどが注目を集めています。心を自分でコントロールする方法を、必死に現代人は編みだそうとしているのです。瞑想も、マインドフルネスも、心の自由を得るという意味では「遊行」の概念と近いところがあります。

ただし、瞑想やマインドフルネスなどの技術を学ばなくても、遊行の心があれば、自分の人生において、あるいは日々の生活の中で、ストレスを解放することができるのです。

「遊行」が「執着」を解き放つ

執着を超えるものは何か。小さな愛ではなく、大きな愛です。深い愛は慈しみと寛容さが肝です。

愛に満ちた海から生まれてきた人間は、愛に満ちた海に還っていく。その間、わずかな時間、僕たちは人生を生きるのです。

人を愛したり、人類を愛したり、自然を愛したり。愛があふれることで人生が変わっていきます。

僕は、人生は０《ゼロ》から０を生きることだと思っています。いわば無から無への旅。ただし、最初の０と最後の０は似ているけれども確かに違う。

「遊行」しているあなたは、「人生の問題」に執着しなくていいのです。問題は問題としてあっても、頭でっかちにならず、愛あふれる行動をしていることによって、人生とは何かが見えてくるときが必ずくると信じています。

「遊行」を意識してみてください。自然は僕たちにさまざまなメッセージを与えてくれています。花の色、風の匂い、雨や雪……。

「遊行」の心があれば、自然のメッセージを感じ取れます。

雪が降り積もって、「雪かきが嫌だなあ」とため息をつけば、それは不幸。「ああ、きれい」と、銀世界に心躍らせれば、たちまち魂が喜ぶ。雨も風も雪も、万人に平等に降り注ぐ。そこからどんなメッセージを受け取り、生きる喜び、意味を感じるか、それは本人次第です。

ほんのちょっとだけ、考え方を変えればいい。そうすれば絶望は希望に、不幸は幸福に変わります。

地獄も極楽も僕たちの心の中にある

悲惨な事件が相次ぐと、「人間はなんて残酷なのか」と、絶望的になることがあります。しかし、その絶望の中を生きぬいている人を見ると、「人間はこんなに素晴らしいのか」という希望も見えてきます。

「地獄は何《いず》れの処にか在る。孰《いず》れか自分の心の中に観ん」と空海が諭すように、地獄も極楽も、僕たちの心の中にまだら状にあります。僕の中にも「優しいカマタ」と「冷酷なカマタ」がいます。

「遊行」しながら、人生の問題に逃げずにぶつかりたいと思ってきましたが、なかなか思い通りにはならないのです。

心とは難しいものです。自分の心のはずなのに、自分の思い通りにいかないのが心なのです。

埋もれた自分を見つけだそうとしています。自分の中にもいい面があるのではないか、自分がまだ気がついていない自分のよさがあるのではないか、と自分の内側を見るようにしています。

でも、なかなか本当のいい自分というのがよくわかりません。だから悩んでいます。しばらくは迷っていいのだと思っています。

悩んでいる自分に生きるヒントが見えてくるときがあります。

「菩薩の用心は皆、慈悲を以《もっ》て本《もとい》とし、利他《りた》を以て先《せん》とす」という空海の言葉に出合いました。

利己的な生き物が利他的に生きる

現代資本主義社会では、僕たちは自分を中心に考えざるをえません。でもほんの少しでいいから「利他を以て先とす」の気持ちで生きたい。「お先にどうぞ」の生き方です。

人間はいろいろです。自分自身が変わっている人間なので、変わっている人がいることをよく理解しています。馬が合わない人もいます。

でも、そんな苦手な人が社会にうまく適応できないで苦しんでいるときに、共感したり、慈しんだり、悲しんであげられる人間になれたらいいなと思っています。

そうすればみな、菩薩のように心が磨かれる。この気持ちが社会にあふれれば、もっと、世界は平和で幸福になっていくはずです。もちろん、なかなか思い通りにはいきません。

この世には「利他を以て先とす」の気持ちで生きるには、いささか障害が多いのも事実です。そんな障害を取り除くための闘いをしなければ、平和も幸福も絵空事になってしまいそうです。だから人生は闘いが大事なのです。

自分を含めて、利己的な人が多い社会の中で、利他的に生きるのはとても苦労が多いです。相手を自分と同じくらい大切に思う――。頭ではわかっていても、実際に行動に移すのはとても難しいことです。人間は自分を大切にしようとする生き物だからです。

僕たちの頭の中に、爬虫類《はちゅうるい》と同じ脳が組み込まれています。生きぬくためなら、どんなことでもする、自分の命を大事にするというのは、当たり前のことです。この鉄則がなければ命は簡単に壊れていってしまいます。

一〇〇万回立ち上がる覚悟を、人は本能に近いカタチでもっているのだと思います。

生きぬこうとする爬虫類の本能がなければ、とっくのとうに、この地球から生命体がいなくなっていた可能性もあります。

利己的な人を見たとき、嫌なヤツと決めつけないで、これが人間だと思うところから、付き合いのスタートをすればいいのです。

利己的な人間という生き物が、利他的に生きるというのは、並々ならぬ努力が必要なのです。だから生きるということは闘いなのです。

まだまだ十分にできていない自分に、いつもそういい聞かせています。

第4章

「自分革命」を起こす、発熱する言葉

あえて「自分を磨かない」という選択

二〇一四年、作家のなかにし礼さんと対談をしたとき、『変身』という小説で有名な世界的作家、フランツ・カフカの話になりました。「**人間はみな本質的にアブラムシであり、身体の中にがんを抱えている**」と、カフカの世界を〝引用〟して、なかにしさんは語りました。

病気は、「遊行」の武器になる

彼の食道に四・五センチのがんができました。若くして心筋梗塞になり、その後も重度の不整脈に悩まされ、死にかけた、なかにしさん。自分の年齢を考えながら、がんとどう向き合えばいいのか、悩んでいました。

なかにしさんの迷い方は格好よかった。

病気を一つの武器にしている。病気を通して自分の生き方を明確にしようとしている。こういう人は強い。どんなに迷っても、自分が決めたことだから。

がんになると、いろんなことが起きるはず。起きても構わない。起きたことに自己決定をすればいいのです。病気にコントロールされない、病気に支配されないことが大切。**病気は単なる武器、いい「遊行」をしていくための武器と考えればいいのです。**

なかにしさんとの会話は、機知にあふれていて楽しかった。この人は病気に負けていないなと思った。病気も一つの武器になるのです。

「がんになったということは、内なるアブラムシに自意識が目覚めたということ。アブラムシに目覚める前は僕も、外科医に『切りましょう』といわれれば『はい』といったでしょう。しかし自分はアブラムシなんだと気づいた瞬間から、アブラムシでない人間である医師から、がんの治療を受けるのがヘンだと感じたわけです。だから切ることを拒否し、インターネットで調べまくりました」

力には抵抗してみる

なかにしさんは子ども時代を満州で過ごし、戦争で敗走を続けながら命からがら、故国に戻った人です。何度も国家に裏切られ続け、奇跡的に命を取り留めた。だから国や権力を信じません。「がんだから切りましょう」という機械的なドクターの言葉には、権力の匂いがしたのでしょう。医師の言葉を拒否します。

力のあるものにねじ伏せられないことは、とても大事なことです。力の前で、たまには意地を張ることも大事です。いつもいい子でいる必要はありません。

なかにしさんも僕も、どうせ遊行期。人生を生き、遊んで行き倒れてもいいのです。いいなりになりたい人はいいなりになればいい。いいなりになりたくない人は、遊行期だと勝手に決めて我を通せばいいのです。もちろん、年齢なんて関係ない。若くても権力にレジスタンスしている人はいっぱいいます。

そして陽子線治療にたどりつき、巨大な食道のがんはいったん、消えました。

発熱するほどの熱い言葉が生き方を変える

「結核は一つの武器です。僕はもう決して健康にならないでしょう。僕が生きている間、どうしても必要な武器だからです」

カフカが、婚約者に宛てた手紙の一節です。彼は病気が理由で婚約者と別れるのですが、人間は誰でも一つくらい持病を抱えているもので、「結核」という文字をそれぞれの病気に置き換えてみるといいでしょう。

いま、がんと闘っている人は「がんは一つの武器です」と。

糖尿病の人は「糖尿病は一つの生きるための武器です」と。

こう宣言してしまうだけで、病気との距離が一気に変わります。

発熱するほど熱い言葉は、生き方を変えるのです。

熱い言葉は、自分の中に革命を起こすこともできるのです。

人間は哺乳類の中で、唯一、書き言葉を発明し、使ってきました。その言葉を通して生き方を模索し続けているのです。**人生は言葉が勝負なのです。**

いい言葉は、間違いなくいい人生をつくります。そしていい人生は、いい言葉を、生みだします。**生みだされたいい言葉が、ほかの人たちに広がり、それぞれの人生が豊かに変わっていくのです。いい言葉は不思議な力をもっています。**

『変身』の冒頭には、「ある朝、グレーゴル・ザムザが何か気がかりな夢から目をさますと、自分が巨大な一匹の虫に変わっているのを発見した」とあります。自分が虫に変身してしまった……その異常な事態を、まるで日常のありふれた光景のように、冷静に描きます。

もしも自分が脳卒中になって、介護を受ける側になったとき、この「変身」をきっと思い出すでしょう。ちょっとゾクゾクします。優れた物語には思いもよらぬ仕掛けが張りめぐらされているのです。

変身をしながら、僕は僕のまわりをのぞいています。誰がどんなことを思っているのか、誰がどんなことをしてくれるのか。

意地悪な気持ちでいっているのではないのです。人間という生き物に対する強い好奇心が僕をわくわくさせるのです。

体が不自由になっても、心は自由でいることができるのです。

「変身力」は生きぬく武器だ

まさか、なかにしさんと、カフカ談義になるとは思いませんでした。

カフカが『変身』を書いたのは第一次世界大戦と第二次世界大戦の狭間の混沌とした時代。人間的に生きようとすればするほど人間性を破壊されていかざるをえない様子を、カフカは見事に描いています。そんなカフカを、〝いつも絶望し続けていた〟「絶望名人」と評する向きもあります。

でもなかにしさんは、そんな絶望名人カフカから、生きる力をもらっていたのです。

病気だからといって絶望することはありません。「絶望名人」として有名なカフカだって「病気」を踏み台にしていたのですから。

『変身』の主人公のように「自分はアブラムシなんだ」と居直ってしまえば、人間は虫になってもがんになっても、自分を失わず、生きることができるのです。

なかにしさんはその後、二〇一五年二月、食道がんが再発しました。手術をしたけれど取りきれませんでした。しかしその後、抗がん剤治療を行なったところ、奇跡的に食道のまわりのリンパ腺転移が縮小してきました。わずかに残ったのは、前回、陽子線を当てたのとは違うところ。とてもラッキーです。そんなときにラジオ番組で再びお会いしました。

場所が違ったことで、もう一度、陽子線治療ができることになりました。再発したことを承知して、小説の連載も始めました。彼のすごいところです。

「遊行」は変身力を生みだす

病気でなくても、たとえば一人暮らしの方なら、『方丈記《ほうじょうき》』の鴨長明《かものちょうめい》のように、「一人暮らしだからこそ、自分で生活をコントロールして生きるスタイルがつくれる」と考えればよいのです。

漂流怪人きだみのるや、放浪の俳人種田山頭火と同じように、鴨長明の生き方は、人生の問題に一つの解答を示してくれているような気がしています。

何者にも、誰からも支配されず、絶対自由を生きようとしている姿が格好いい。

彼らはみな「遊行」から生きるヒントをもらっていたのだと思います。

病気だって一人暮らしだって、さびしさも絶望だって、それに支配されることなく、自分が生きるための武器にしてしまえばいいのです。

「遊行」の心が引きこもりを開放する

カフカはとてつもなく暗い人です。でも、じつにユニークな感性のもち主で、彼の言葉はすべて弱々しいが、味があるのです。

「幸福になるための、完璧な方法が一つだけある。それは、自分の中にある確固たるものを信じ、しかもそれを磨くための努力をしないことである」

〝いいなあ〟と感じます。自分を「だめな人間だ」としながら、それでも自分を信じようとしている。カフカはその自己肯定感が異常に強く、だから「自分を磨かない」といいきっています。

僕たちはいつも、もっと成長したい、もっと立派な人間になりたいと、つい考えがちです。それはじつに正しいことだと思います。昨日より今日少し自分が成長すること、それはとても大切なことです。僕だってもうすぐ七〇歳のいまも、もう少しまともな人間になりたいと思っています。

学生期の人たちにとってはとくに大事です。でも人生はいろいろです。**人間は屈折していいのです。学生期の頃から遊行期が始まっているような人間がいてもいいのです。**嫌なことがあって、引きこもってしまった若者はあえて自分を磨かない自由を大切にして「遊行」を始めればいい。林住期のように閉じこもらず、フラフラとにかく、外に出て、世間の風にあたればいい。「遊行」という思想は無限の可能性を秘めています。

もっと肩の力を抜いて、ゆるやかに生きる。そして無理に自分にムチを入れるのではなく、自分の心の底からしたいと思うことを丁寧に、慈しむように実行することが、その人の人生を彩っていくのではないかと、この頃は考えるようになりました。

絶望の中でも投げださなければ、いつか必ず希望が見えてくる

Hさんという八四歳の女性が僕の病院にやって来ました。乳がんが再々発して体調が悪化し、「お世話になった先生にお礼をいいに来た」というのです。

乳がんで全摘手術をしたのですが、一七年後に局所再発をして、それから四年ほど〝がんに効く温泉〟で有名な秋田県の玉川温泉に三〇回ほど通い、一方でプロポリスやアガリクス、サメの軟骨や中国の天仙液などのサプリメントも試し、旅費とサプリメント代で毎月四〇万円近くを費やしました。

その頃、僕はテレビ東京系の「カンブリア宮殿」に出演していて、番組のデスクから、Hさんご夫妻を紹介されたのです。

ご主人は四センチの肺がんに加え、心筋症という心臓の病気も抱えていました。高年齢のため、僕は陽子線治療をすすめ、それが功を奏しました。手術をせずに彼は七年間、元気に生活し、最後は心臓と腎臓の病気で亡くなりました。

そんなご主人とは正反対に、進行性の乳がんの妻のHさんは西洋医学に不信感を抱いていました。ご主人に無理矢理すすめられて僕の診察を受けることになっても、たいしてうれしくなさそうでした。それはHさんの主治医が、「手術を拒否するのなら、もう来なくていい」とか「抗がん剤を飲まないのなら、命は保障しない」と、乱暴な言葉を吐いたせいでもあります。

このとき、Hさんは落ち込み、弱音を吐いた〝絶望名人〟カフカのように、人生の金縛りに遭いました。医師の言葉に絶望したのです。

でも、そんな冷たい言葉に従う必要はありません。結果、彼女は〝不良〟患者になって、玉川温泉に通いました。「遊行」に近い旅でした。

Hさんは僕と出会い、放射線治療を受けるという流れに。こうして、あまり無理しない治療に行き着いた。この治療がよく効いたのです。

へこんでいてよかったのです。絶望してもよかったのです。時がくれば、何かいいことが起きることの証明です。

絶望の中でも「なんとかしたい」と思っていた。その気持ちが大事だったのだと思います。

じっとしているのも勇気の一つ

「進みたいと望んでいる道を、僕は進むことはできません。（中略）僕にできるのは、じっとしていることだけです。そのほかには何も望めません。事実、ほかには何も望んでいません」（恋人ミレナへの手紙）というカフカの言葉通りです。

しかしHさんは、いったん絶望したからこそ、立ち直る勇気がもてた。必死に道を探し、希望を見つけだそうとしたのです。

僕にできるのはじっとしていることだけです、とは、思わず笑ってしまいます。

カフカに比べれば、どんな人もポジティブで、どんな人にも勇気があることがわかるでしょう。

しかしカフカはカフカなりの、あえてじっとしている勇気をもっていたのです。Hさんも、じっとしている勇気がありました。みんなどこかに自分流の勇気があるはずなのです。**あなたの中にも、間違いなく、みんなとは違う不思議な勇気があるのです。**

勇気にはいろいろな勇気があることを覚えておいてください。それを言葉にすることが大事なのです。

身動きが取れなくて、どっちの道に行っていいのかわからないときがあります。そんなとき、発熱するような言葉、たとえば「じっとすることも勇気なんだ」といいきってしまえば、気持ちが落ち着いてくるのです。

マインドフルネスをするように、心が落ち着いてきます。ヨガで心が満たされるように……。禅を組むように……「遊行」の空気をもっている。そうするといいことが起きるのです。同じことをしていても、茫然自失で、何もできませんでしたと言葉にすると、いいことは起きてきません。

いい言葉が、いい人生をつくるのです。忘れないでいてください。

そのことにあなたはまだ、気がついていないのです。

この本の中でも「勇気」については何度も語ってきました。人によって勇気そのものが違います。勇気の出し方も違います。それは僕たちがみな自由だからです。でも、忘れてはいけないことがたった一つだけあります。

絶望は「希望の種」なんだ

あなたの中には、どんな人生をも生きぬく勇気があるということです。あなたは気づいていなくても、それは間違いないことだと思います。自分の中にある勇気を見つけてみてください。きっとその大きさに、あなた自身がびっくりすることでしょう。早く気がつくことを祈っています。

カフカは、「絶望」を語り続けたにもかかわらず、彼の言葉は世界中で読み継がれ、生きるヒントになっています。

絶望は希望の種になるのです。これも、発熱する言葉の一つです。つらいとき、苦しいとき、悲しいとき、心の中で、絶望は希望の種だ、と何度も繰り返すのです。自分革命が起き、生き方が変わり、結果として人生が変わるのです。

カフカは絶望の淵にいながら希望を失わなかった。彼は日記にこう記しています。

「僕の中に可能性があるのだ。僕のまだ知らない可能性が。そこへの道を見つけ出せたらいいのだが！　突き進んでいけたらいいのだが！」

驚くほどネガティブな言葉を吐きながら、カフカは案外したたかで、希望を捨てない人だったのです。彼は最後の恋人ドウラと、難民の子どもたちの施設を訪れたことがあります。そのときの感想を、友人への手紙にこう書いています。

「彼らの中にいると、僕は幸福ではなくても、幸福の門の前にいる」

厳しい環境の中でも必死に目を輝かせて生きている子どもたちを見たとき、そこに希望を感じたのだと思います。人間は弱い、確かに弱いけれど、じつは強い存在なのです。

力のある言葉をもったとき、人生の大逆転が起きる

人は生きていく中で、幾度もつらい目に遭います。そんなとき、素敵な言葉が人生を支えてくれます。ときにはポジティブな言葉が勇気を与え、ときにはネガティブな言葉が力をもつこともあるのです。

言葉は生きています。その人が人生の折々に、いいタイミングでいい言葉に出合えば、きっと人生が変わる……僕はそう信じています。

弱くても暗くても、へこたれても大丈夫です。みんながみんな、強くて明るくなる必要などないのです。社会がポジティブに、ポジティブに、といっているとき、ネガティブに慎重に生きる人がいてもいいのです。人それぞれなのです。

みんなが少しでも生きやすくなるために、多くの人が自分を磨くことを必死に

考えているとしたら、ときにはあえて自分を磨かないという選択もあるのです。カフカは、自分の結核を**「一つの武器です」**といっています。ここには短所を長所に変えていこうという強いエネルギーが見られます。

なんなのでしょう。

言葉です。

言葉には力があるから、大逆転が起きるのです。

病気に負けていながら、病気でいいんだ、仕方ないんだと、言葉にせずになんとなくその中に沈んでいてはいけないのです。

あえて、「病気は私の武器です」「障害は私の武器です」「貧乏は私の武器です」「弱さは私の武器です」と口にしたとき、大逆転が始まるのです。

古典を読んでいるとだんだん大切なことがわかります。一〇〇〇年前も一〇〇〇年前も人間の悩みはそう変わっていません。つまり、環境やまわりの状況は変わっていても本質は変わらないのです。いつも人間は、絶望して生きてきました。絶望の中でも、言葉を探して絶望から抜けだしてきたのです。

だから悩んでください。迷ってください。悩みや迷いも才能なのです。悩みや迷いをそのままにしていては苦しむだけです。

悩みや迷いも才能だと言葉にしたときから、悩みも迷いも肯定的に受け入れられ、そこから脱出する力が湧いてくるのです。言葉が大事なのです。

いい言葉はいい人生をつくる……。

迷えば迷うほど、人は救われる

「善人なおもて往生をとぐ、いわんや悪人をや」という有名な言葉を僕は大切にしています。多くの人が知っている言葉です。親鸞《しんらん》の語録『歎異抄《たんにしょう》』に出てくるものです。

「悪人のほうが往生しやすい、つまり極楽に行ける」なんて、「えっ？」という感じです。しかしここにいう「善人」「悪人」は、僕たちが考えるそれではありません。

“人生の問題”に悩んだ人が救われる！

『歎異抄』は彼の没後、弟子の唯円《ゆいえん》が書いたものですが、じつはこれは親鸞の師の法然《ほうねん》の言葉でもあるのです。親鸞は法然から聞いたこの言葉をとても大切にし、しばしば弟子たちに語っていたため、親鸞がいったように扱われています。しかもこの文言があまりに意表をついているので、誤解されているのも事実です。

では親鸞のいう「善人」「悪人」とはどんな人を指すのでしょうか。

親鸞が得度した頃、「養和《ようわ》の飢饉《ききん》」が起こり、大飢饉と疫病の蔓延で京都の町は遺体で埋め尽くされるほどでした。しかし親鸞が修行した比叡山《ひえいざん》の高僧たちは自分の学びしか頭にない。「それでは民衆は救われないじゃないか」と、親鸞は考えた。

つまり、仏の修行を積んで自分で道を選べる「善人」ではなく、仏教修行とはおよそ無縁な「悪人」こそが、本来、救われるべき存在だというのです。

親鸞がいう「悪人」とは、「五濁《ごじょく》」、つまり仏教でいう「五つの穢《けが》れの世界」に沈み込んで苦しんでいる人のこと。いま風にいえば、自分で自分をコントロールできずに間違った道に進んでしまう人です。

アルコールに溺れたり、子どもや奥さんに暴力を振るったり、借金をして返せなくなったり。そうした〝穢れ〟に溺れてしまっている人が「悪人」なのです。

僕は、自分が善なる存在とは思っていません。穢れの中にいると思っています。

本当にピュアな善人ならば、NGO活動なんてやっていないと思います。その存在そのものが人を幸せにし、たくさんの愛を配って歩くことができるのが本物の善人です。そんな尊い存在ではないので、NGO活動をして善人風を装っているともいえます。中途半端な人間なのです。だから「悪人をや」にひかれるのです。

善なる存在でないからこそ、地域医療をしたり、優しいお医者さんになろうとしたり、イラクの難民キャンプに通ったりしているのだと思います。

いつも、自分の限界を感じています。でも、あきらめてはいません。必ず変われると思っています。

僕たちはいつでも誰でも、そんな「悪人」であることから逃れられない可能性があります。でも親鸞は、人間はいつでも変われるし、たとえ道を踏み外しても、変われば救われると説くのです。

人生の問題に「悩んでいる人」も「つまずいている人」も「迷っている人」も、親鸞流にいえば、「悪人」なのです。でも親鸞は、「悪人こそ救われる」といっている。

自分革命を起こす言葉です。こういう熱を帯びている言葉を胸に秘めている人は生きぬくのが上手です。迷っている人、悩んでいる人は、苦しいでしょう。でも、「これでいいんだ」と自分を、そして苦しみを肯定してみましょう。すると「いつか救われる」という希望が見えてきます。

「悪人をや」を信じてみる

海や風や仕事や本や命や、人とのつながりが、いまの僕をつくりだしてくれました。でも僕は、期待に応えきることができたのだろうか……、自分の力を、もっともっと、困っている人のために使えたのではないだろうか、もっと手を差し伸べられたのではないかと、いま、自分の人生の振り返りをしています。

カマタという人間は、強くて弱い。それは自覚しています。迷ったり、悩んだり、自分探しをしたりするくだらない悪人です。

でも、でも、「悪人をや」なんです。「これからが勝負だ！」と。だからしばらく、安心して、悟りや達観ができない人生の遊び人として、「遊行」をしていこうと思っています。

「罪障《ざいしょう》功徳《くどく》の体とする　こおりとみずのごとくにて　こおりおおきにみずおおし　さわりおおきに徳おおし」と親鸞。

僕たちは悪いことが続くと、「もうダメ！」と頭を抱えますが、「悪いことがあれば次は必ずいいことが待っている」というのが彼の教え。

「障《さわ》り」の「氷」が多ければ、溶けたときには大量の「徳」の水があふれ出すからです。

「迷えば迷うほど、苦しめば苦しむほど救われる」

……つまり、「遊行」の先に救いがあるのです。

「遊行」とは、人生の遊び人になることです。

「自力」の中で「他力」を生きる

『歎異抄』にはこんな言葉もあります。

「自力作善《じりきさぜん》のひとは、ひとえに他力《たりき》をたのむこころかけたるあいだ、弥陀《みだ》の本願にあらず。しかれども、自力のこころひるがえして、他力をたのみたてまつれば、真実報土の往生をとぐるなり」

この「自力」「他力」の言葉がポイントです。

自分の力で道を選べるのが「自力」の人。「他力」は「がんばっても自分ではどうにもならないことがある」のを知ること、なのです。

僕たちは他力を「他人の力」とそのまま受け取り、それを頼りにするのは間違いで、自力で生きている人が素晴らしいと考えやすい。でも親鸞は、他力を頼まず自力でなんとかしようとする考え方は、阿弥陀の心に沿っていないという。それは「阿弥陀仏を信心する心が欠けている」からです。

僕は浄土真宗の信徒ではないので、阿弥陀仏にはすがりません。**それでも、この世には自分の力だけではどうにもならない〝大いなる力〟があると信じています。**一三八億年前、なぜ宇宙でビッグバンが起きたのか。なぜ地球が誕生したのか。誕生したとき生命体はいなかったはずなのに、地球という惑星になぜ命が生まれたか、よくわからないのです。

大いなる力がある、それを信じるほうが生きやすくなると、『がんばらない』を書きながら考えていました。

親鸞は「自力を捨てて、阿弥陀仏という大きな他力にすがる人だけが、往生を遂げることができる」というのです。そこで僕は感じました。僕が提唱している「がんばらない」こそ、他力の生き方ではないかと……。

「がんばろう」は自力の生き方なのだろう。でも、「がんばらない」なんていって、他力を信じながら、じつは「自力」をとても大事にしています。見えないところでがんばる人なのです。

同時に、「自分でなんでもできると思わないこと」と、自分を戒《いまし》めています。

「すべて自分の力だけで自由になれる」なんて思ってはいません。

どんな人でも、自分で自由自在に人生を動かすなんてできないのです。

「がんばらない」の哲学に「他力」と「遊行」の血が流れている

だからこそ僕は、その難しい〝自由〟に憧れ、もがいています。その半面、いつもどこかに〝大いなる力〟があって、なんとかなっていくのだという「他力」の考えを、心の中に秘めています。

僕は長野県で健康づくり運動をやってきました。人間の自律神経には交感神経と副交感神経がありますが、交感神経が刺激されるとリンパ球が減って感染症にかかりやすくなり、NK（ナチュラルキラー）細胞が減って、がんのリスクが高まります。

交感神経優位は、「がんばる」神経、つまり「自力」の生き方です。いま、僕たちはストレスの多い社会の中で「自力」を強要されています。確かに自力は大事ですが、あまりにそれが強くなると力の抜き方がわからなくなってしまう。

できない人、失敗をする人を軽蔑して〝自分が〟〝自分なら〟の意識を高め、結果、交感神経が過緊張になり、脳卒中や心筋梗塞やがんを引き起こしやすくなるのです。

でも僕は、「他力」を信じています。「肩の力を抜く」生き方、つまり副交感神経優位の生き方です。

がんばるけれど、ときどき力を抜く。〝大いなるもの〟にゆったりと身を任せれば神経の緊張が解け、生きやすくなります。これがカマタ流の「他力本願」。

「がんばらない」という生き方は「遊行」そのものなのです。

「他力を頼む」とは「人の力をあてにする」のではなく「拠り所にする」こと。

「自分の力には限界がある」とわかれば、傲慢な気持ちが薄れ、心のつまずきが少なくなるはずです。

煩悩を消せない自分でいい

親鸞は九〇歳まで生きました。八八歳でしっかりした手紙を書いています。

親鸞のすごいところは、民衆のために念仏を広めたことです。権力者のための仏教ではなくなることを危惧した権力者によって、彼は島流しになります。それでも負けませんでした。「毛穴の宗教」ともいわれ、身に沁《し》み込むほど一人ひとりの声を聴こうとしました。「遊行」して歩いたのです。

親鸞は正直な人でした。やりきれない自分を意識していたのです。煩悩がなくならない自分を意識していました。

立派そうに見える自分の中を、常に疑いました。

自分の中にどうしようもない自分がいることに気がついていたのです。うれしくなります。こうあるべきだ、と教え諭されるよりも、心を教える人が自分の心の中にある煩悩を正直に述べている、これこそ真理なのではないかと思いました。悩んでもいいんだ、迷ってもいいんだ、と強く思えるようになりました。

「鬼は内」。「内」なる鬼を忘れるな

『歎異抄』には「親鸞は父母《ぶも》の孝養《きょうよう》のためとて、一返にても念仏申したること、

いまだ候《さぶら》わず」とも書かれています。「父母のために念仏を唱えるな、もっと大きなもののためにせよ」ということです。

最近、僕は神社仏閣詣でに凝っていて、講演先で神社やお寺に参拝します。以前は、自分が健康でいられますように、あるいは「病院の経営がうまくいきますように」と、下世話なお願いをしていました。

しかし数年前から、自分のことを拝むのはやめ、「この国が安らかになりますように」「世界が平和になりますように」と願うことにしました。親鸞の精神と一体です。自分が一所懸命にやっていれば〝大いなるもの〟が導いてくれるはずだからです。

節分には、「鬼は外、福は内」ではなく、「福は外、鬼は内」と心の中で唱えるようにしました。自分革命を起こすためです。こうやって言葉で生き方を変えてきました。

「福は外、鬼は内」は、娑婆《しゃば》の考え方とまったく違います。「遊行」のテイストをもっていると、社会の通念からずらすことができるのです。このずれの中に、新しい生き方が隠れているのです。「新しい人間」は、ここから始まる。

「遊行」とは、社会の通念からあえて「ずらす生き方」なのです。

また「鬼は外」では、「鬼という災いは他の人のところへ行け」となってしまいます。

「本当の鬼は自分の心の中にある」と思うからです。

いままで「鬼は外」といって、福だけを自分に仕舞い込もうと思って生きてきたのかと、自分の人生を省みています。

心の中に鬼がいるから闘えるのだ

「人生はいろいろあっていい」と、この頃、悩みながら、たどりつき始めました。「福も鬼も、内にあっていい。反対に、外には福があふれているといいな」

——これがカマタのいまの世界観。

ＩＳ（過激派組織イスラム国）が暴れるイラク難民キャンプに行くようになったのも、自分の中に鬼を少し入れたからです。

自分の中に鬼があるからこそ、現実社会の中に生まれてしまった鬼と闘えるのです。闘うときは「自力」を意識します。権力と闘うべきときは、自分の中にいる鬼を信じて闘います。でもでも、いつもは、自分の力ではどうすることもできない、目に見えない「他力」が働いていると、信じています。

僕たちがイラクの難民キャンプに入っていくとき、力をもつ部族長などが目に見えない形で、「十何年もイラクの子どもたちのために働いているこの日本人たちを、ＩＳにつかまらせてなるものか」と思ってくれているような気がするのです。他力が働いているように思います。

幸い、嫌なことも、危険なことも一度も起きていません。

「鬼は内」と口にする、そうやって僕は、善人と悪人、自力と他力のバランスを取っているつもりです。

たまには「わがまま」に生きてもいい

僕は高校時代にランボーに出会い、難解な半面、若さのほとばしりを感じさせるその詩に魅了されました。とくに代表作『地獄の季節』の、この詩が大好きです。

「ある夜、俺は『美』を膝の上に坐らせた。――苦々しい奴だと思った。――俺は思いっきり毒づいてやった。俺は正義に対して武装した」

「自由なる自由」で、自分を燃焼させろ

この詩には「もう詩なんか書かないぞ」という、ランボーの決意が見てとれます。

アルチュール・ランボーは、絶頂期にあった詩人ポール・ヴェルレーヌに認められて詩の世界にデビューしました。ヴェルレーヌは家庭を捨ててランボーと放浪の旅に出てしまうほど彼に傾倒。小説みたいです。若くして「遊行」を生きているのです。

人間ってこんなにおもしろいんだと思いました。ヴェルレーヌ夫人が「二人の関係は不穏当」と、離婚訴訟を起こすほどの仲だったといいます。

ランボーは、やがて詩の世界から離れたいと願うようになった。おそらく書くことに倦《う》んでいたのかもしれません。

そして作品とともに自分の過去を葬り去る決意をしました。『地獄の季節』には、こんな言葉もあります。

「黄金の巨船は、頭の上で、朝風に色とりどりの旗をひるがえす。俺はありとあらゆる祭を、勝利を、劇を創った。新しい花を、新しい星を、新しい肉を、新しい言葉を発明しようとも努めた。この世を絶した力も得たと信じた。さて、いま、俺の数々の想像と追憶とを葬らねばならない。芸術家の、話し手の、美しい栄光が消えて無くなるのだ」

言葉がほとばしっています。爆発しています。滅茶苦茶です。大切なことは、このくらい自由でいいということです。自由でいいのだと教えてくれます。僕たちの生活や言葉が、どれだけかしこまって不自由でいるかがわかります。

この後ヴェルレーヌは〝縁切り〟を納得せず、ランボーに拳銃を向けるのです。ランボーは左手に怪我をし、ヴェルレーヌには禁錮二年の刑がいい渡されます。直線的に人を愛している人間っていいなあと思いました。

「絶対自由」にこだわってみよう

自由になったランボーは、一気に『地獄の季節』を書き上げますが、この詩集は数人の知人に配られただけで、ほとんど日の目を見ずじまい。ようやく評判になったときには、ランボーにはもう死の影が忍び寄っていました。

「さて、いま、俺の数々の想像と追憶とを葬らねばならない。芸術家の、話し手の、美しい栄光が消えて無くなるのだ」という文面が、そんなランボーの姿勢を示しています。書きたいから書いただけ、結果はどうでもいいのだ、という強い意思が感じられます。

ランボーは、愛や苦悩や狂気の中で、「すべての毒を飲み尽くしても、いつか泥沼の苦しみの中で超人的な力を言語の中に与え、思考の賢者になるんだ」といっています。

ランボーは言葉にこだわりました。言葉の中にパワーを封じ込めようと考えたのです。言葉には力があるのです。いい言葉はいい人生を生み出し、いい人生がいい言葉を生み出します。

つまり、魅力的な言葉は魅力的な人生をつくります。

「いま、僕は懸命に放蕩に励んでいます」というランボーの言葉もあります。放蕩といっても、彼は酒や女にのめり込んでいません。人生の放蕩に励んでいたのです。彼が残した言葉です。

「僕が、馬鹿みたいに大切にしているのは『自由なる自由』です」

まわりの目は気にするな

自由は人生の大切な問題です。みんな、自由に生きたいと願いながら、なかなか本物の自由が手に入りません。自由を自由自在に生きたランボーが、うらやましくて仕方ありません。

自らを過酷な状況に追い込みながら、それでもランボーが望んだのは、「自由なる自由」。何者にも束縛されない「絶対自由」を、彼は求めようとしたのだと思います。

詩人としてリスペクトされ、その期待に沿って、次々とみんなから拍手されるような詩を書こうと演じることを、ランボーは拒絶したのです。「自由なる自由」のために。

ランボーは若くして、「遊行」の意思をもって生きていたに違いありません。

「遊行」とは「人生の放蕩」に励むことなのです。

僕がランボーに惚《ほ》れるのは、自分がもっていないものをもっているからです。

僕は「いい子」を演じてきました。ランボーは「いい詩人」とか「いい子」を演じることを拒絶しています。いや、むしろ無関心。まわりの目なんか、まったく気にしていないのです。

誰もランボーほど強くは生きられないでしょう。でも人生の中で、一度くらい、ランボーのように自由にこだわってみるのもいいのではないでしょうか。

誰でも「自分革命」を起こせる

ランボーは筆を折った後、オランダ軍の傭兵、サーカスの通訳、キプロス島の石切り場の現場監督など、次々に職を変えていきます。

まるで佐野洋子の絵本『100万回生きたねこ』のようです。

死んでも、死んでも、猫はまた生き返りました。本当の愛に満ちた海を見つけるまで、猫は生き返ったのです。ランボーが、詩を投げ出してサーカス団の仕事をしたり、傭兵になったりしている姿を見れば、人間はどんなふうになっても生きていける、と思うことができます。

「遊行」の人、ランボーは「一〇〇万回立ち上がる覚悟」をもっていたように見えます。なんでもあり、何をやってもいいのです。傷ついても失敗しても、人はそこから立ち上がれるのです。

サーカスの仕事をしているランボーをかわいそうだなどとは思えません。むしろ、うらやましい。まさに人生の放蕩です。ゴージャスな時間です。

自分が納得できるような、自由なる自由を生きようとした結果が、石切り場の現場監督だった。彼は納得していたはず。

〝落ちぶれてこそ〟の幸せ

彼はアラビア半島のアデンで貿易商となり、その後エチオピアで商人として活躍しました。でも、商人としての才覚はあったにせよ、およそ人生の計算ができていたとは思えない。

三七年間の短い生涯で、平和な家庭にも、愛するパートナーにも恵まれなかった。しかもヴェルレーヌをはじめ、付き合う人間をことごとく傷つけてしまう……。

つまり人生の設計図を描けない人の典型なのです。でも、だからといって人生の落伍者ではありません。世間的な幸福は得られなくても、毎日がハラハラドキドキ、祭りのような日々。これほどおもしろい人生はありません。

人が見たら落ちぶれているように見えるかもしれません。でも落ちぶれていてなお、そこに幸せがあることもあるのです。

「遊行」とは一見、みすぼらしく映ることもあるけれど、内実は幸福感に満ちた生き方なのです。

実在ではないが、たくさんのファンに愛された柴又の寅さんも自由なる自由を同じように生きていた。寅さんも「遊行」の人でした。

寅さんはいつも人を好きになりました。そして失恋します。せつない思いの連続なのに、ずば抜けて幸福感や満足度の高い人だったように思います。彼は一見みすぼらしいのに、「遊行」をしながら人生をイキイキと生きたから人を惹きつけたのだと思います。

幸せかどうかは、自分が決めればいいのです。

他人が、「あの人の人生は幸福だ」とか「あの人は不幸だ」とかいうのはおかしい。そんなの、気にしなくていいのです。

不幸せの中の幸せというのもあります。自分で「エイヤー」と「自分は幸せだ」と決めれば、魔法のように、不幸せが幸せになることだってあるのです。

大事なことは、生きているいまがおもしろいかどうかです。

幸せかどうかなんて、結局、たいしたことではないのです。

自分にとって、おもしろいかどうかが大切

人間は誰でも心の中に「こんな生き方ができたらいいな」という憧れをもって

いるのではないでしょうか。

しかし、それは現実的ではありません。血を流すのは怖いし、泥まみれになりたくないから、非日常の祭りへの憧れを封印し、穏やかな日常を選ぶ。でも、そんな未知への憧れをランボーは呼び覚ましてくれる。だからみんな、彼の詩に心を震わせるのです。

ドイツの作家ヘルマン・ヘッセが、まさにランボーをいい表わす言葉を残しています。「私がとても愛している徳がたった一つある。その名は『わがまま』という」がそれです。ランボーほど、「わがまま」を丸ごと生きた人はいません。

では、その「わがまま」とは何か。それはあれほど情熱を傾けた詩をあっさりと捨てたこと。そして次から次へとおもしろい仕事をしています。サーカス団と旅をするなんて、まるで小説の主人公のようです。客引き、教師、探検家……。憧れます。

おそらくランボーはいま頃お墓の下で、「みんな、もっと勇気をもって生きればいいのにな。人生はつらいけれど、おもしろいよ」と、つぶやいているかもしれません。まるで、僕に語りかけているようにも思えます。この本を読んでいるみなさんにも、もっと勇気を出して、自由なる自由を生きてみろよといっているような気がします。

「遊行」は「……べき」生き方から解放してくれる

自由奔放に生き、無限の自由を得たいと願ったランボー。「絶対自由」を目指したランボー。一〇代のときから家出を繰り返し、そして、家に戻されます。**一〇代のときから、早熟のランボーは「遊行」をしていたのだと思います。**

学生期、家住期、林住期、それらと遊行期が圧倒的に違うのは、「……だから」「……べき」「……あらねばならない」がないところ。ここが肝《きも》なんだな。

人間はこうあるべきだ、人生はこうでなければいけない、という視点から離れている。林住期は、解脱《げだつ》のために家やしがらみから離れていく。一見、自由そうに見えるが、解脱のために、などという何か大命題にまだしばられているような気がしてなりません。

まわりを気にしないところから「遊行」は始まる

遊行はさまよってもいいのです。まわりの人を気にする必要もありません。芯が通らなくてもいいのです。フラフラしていてもいいのです。素の自分に戻ればいいのです。

夕暮れがきたのに、友達とかくれんぼをしていて、まだやめたくなくて隠れ続けた、子ども時代の生き方をしてもいいのです。家住期を生きている人は、家住期を生きながら、少し遊行のテイストをもったらいかがでしょうか。きっとおもしろくなると思います。

林住期の人も、解脱のためになどと堅苦しく考えずに、もう一度おもしろい人生を取り戻すんだと思ってみてはどうでしょう。

若い人から高齢者まで、どの世代の人たちも、遊行というテイストをもったと

き、自分の人生をもっとおもしろく、生き生きと生き直せる、新しい人生が始まることを確信できるように思います。

ランボーはたびたび、家出を繰り返します。お金がなくなると、母親に無心を続けました。

伝説的な映画監督ジャン・リュック・ゴダールの代表作「気狂いピエロ」に、主人公を演じるジャン・ポール・ベルモントが、ダイナマイトを首に巻きつけながら、地中海を背景に死んでいく印象的なシーンがあります。

そこでランボーの「また見つかった、——何が、——永遠が」という『地獄の季節』の一節が出てきます。

「絶対自由」を生きようとするランボーの生き方は、多くの人々に影響を与えました。僕も「自分がいま、本当に自由に生きてるんだろうか」と、ランボーの詩を読むたびに、人生を見直します。

第5章

「遊行」とは、「愛の海」に還っていくこと

逆境の中でこそ学ぶものがあるはず

「逆境の中で私が見つけた最も大きな喜びは、思いやりの価値を学んだことである」

ミャンマー民主化運動の指導者、アウンサンスーチーさんの言葉です。

二〇一五年のミャンマー総選挙で、スーチーさん率いるＮＬＤが大勝しました。いま彼女は政権移譲を平和裏に実現するため、超多忙な毎日を過ごしている。

彼女は一九九一年にノーベル平和賞を授与されましたが、軍事政権の自宅軟禁下で授賞式に出席できませんでした。そして二一年後、軟禁から解放され、オスロで受賞演説をしました。

「自宅軟禁のときしばしば、まるで自分が現実世界の一部でないかのような感じがしました。ノーベル平和賞の受賞は自分が暮らす隔絶された世界の空間の外部にいる人々の世界に私を再び引き寄せ、現実感を取り戻させてくれたのです……」

「思いやる自由」は誰にでもある

すべての人が平和に暮らせる「自由」がいかに尊いものか、忘れてはいけないのです。「逆境の中で見つけた思いやりの価値」という言葉から、スーチーさんの心情が伝わってきます。**誰にも「思いやる自由」はあるのです。**

世界中のたくさんの人が、スーチーさんのことを思いやりました。スーチーさんはそれを感じたのだと思います。波動のように「思いやる心」は彼女に伝わったのだと思います。

ノーベル平和賞受賞のときも、彼女は自らの意思とは関係なく世間から隔絶され、音の悪いラジオで自分の受賞の様子を聴くしかなかったのです。ラジオを聴きながら、何か大切なパワーを受け取ったのだと思います。

軍事政権は、イギリスに別れて暮らす彼女の夫が、末期がんで余命いくばくもないときですら、会うチャンスを与えなかった。だから彼女は、晴れて自由の身になったとき、こう語りました。

「目指すべきは、安心して眠りにつき、幸せに目覚められる平和な世界。そんな世界をつくるために手を携えよう……」

「安心して眠りにつき、幸せに目覚められる平和な世界」という言葉は衝撃的です。戦争や緊張状態の中で毎日の恐怖に怯《おび》え、明日の命さえわからない世界に住む人たちに、平和を享受している私たちは何をすべきか？　それを考えさせられます。

被災地に通い続けています。東北の方たちは、心の復興はまだまだです。安心して眠りにつき、幸せに目覚められない人が、まだまだたくさんいることを忘れないようにしたいと思います。

熊本の益城町《ましきまち》に行ってきましたが、想像を絶する崩壊でした。

厳しい経済の中で、資金繰りに苦労している中小企業の経営者も、いい目覚めをしていないかもしれません。いま愛の海の中で葛藤している人も、眠れない夜を過ごしているかもしれません。生きていると、心安らかでないときが、ときどきあります。

「遊行」とは、あるがままに生きること

スイスの哲学者カール・ヒルティは、「寝床につくときに、翌朝起きることを楽しみにしている人間は幸福である」と語りました。明日の朝、起きることが楽しみになるかどうかは、幸福のバロメーターです。

「明日はきっとよくなる」と思えれば、生きる希望が湧いてきますが、「またつらい一日が始まるのか」と考えると、ますます鬱々としてきます。目覚めの楽しみを実感できないのは、とても不幸なことです。

僕は毎朝四時過ぎに起きてきました。四時間半睡眠を四〇年以上続けてきまし

た。でも、いまは少し変わり始めています。

遊行を意識しだした僕は、あるがままに生きればいい、と考えるようになりました。

そうしたら不思議なのです。もともと目覚ましはかけない人間でしたが、体が自分で判断をしてくれるようになりました。慣れ親しんだ四時間半睡眠で起きてしまうこともあれば、七時間以上眠ってしまうこともあるようになりました。無理しなくていいのだと考えています。「あるがまま」です。

旅先の朝、目覚めと同時に窓を開けて、光や空気や風を感じることにしています。ぼんやり眺めているだけでは、風景の移ろいは感じられないけれど、よくよく子細に眺めてみると、微妙な変化に気づきます。光や空気や風のちょっとした変化に敏感になれば、「たとえほんの少しだけかもしれないけれど、明日は今日とは違う」と実感できるはず。すると希望が芽生え、勇気が湧いてきます。

スーチーさんも二〇年近い軟禁生活を、そうして過ごしてきたのでしょう。苦しいときこそ、「それでも何かが変わるはず」という希望を見出すこと。

つらい日常の中でも、わずかな光を見つける感性の鋭さが、自分を救うのです。

そして、大切なことは、感性を言葉にすることです。いい言葉に置き換えたとき、「人間という秘密」を解く鍵を得ることになるのです。

自分に革命を起こすのも、いい言葉から始まります。

「涙とともにパンを食べたものでなければ、人生の味はわからない」と、ドイツの文豪ゲーテも語ります。

闇が暗くて深いほど、そこから抜け出たときの光は明るく感じられる。その光の眩《まぶ》しさは、闇を通り抜けた人にしかわかりません。

いま、闇の中にいる人は、明日はきっとよくなると思ってみましょう。

遊び心は「遊行」につながる

イギリスの一五歳の若者が大腸がんと診断された。進行性の大腸がんでした。とても厳しい状態でした。完治の可能性はなしとも伝えられた。約三年間で七回の外科手術、予後不良といわれる中で、がんばりました。化学療法や放射線治療も受けた。

この青年の名前はスティーブン・サットン。完治の可能性はなしといわれても、決して絶望しなかった。へこたれなかった。心の中では、なんで俺がこの若さでこんな厳しいがんになるんだと、怒っていたと思います。

そして死ぬまでにやり遂げたい四六の目標を立てた。ネット上に「スティーブン物語」というサイトを立ち上げました。彼の目標というのは、ごく普通の若者たちが考えるようなことでした。

どんなときでも、楽しく生きる自由はあるのです。

「曲芸を学びたい」「コメディアンのジミー・カーに会いたい」「スカイダイビングをしたい」「ダーツの大会を観に行きたい」「映画かミュージックビデオのエキストラとして出演する」など、よくある若者らしい楽しいことばかり。

遊び心が素敵です。彼も見事に「遊行」していたと思います。

二〇一六年、リオ・オリンピックのバドミントン決勝で、日本の高橋礼華《あやか》・松友美佐紀《みさき》ペアがファイナルセット、一九対一六、デンマークのペアに圧倒されていた。あと二点取られたら負け。正直、「もうダメかな」と松友選手は思ったそうです。

ここで彼女は、「一球でもいいから、相手に〝おっ〟と思わせよう」と考えたそうです。デンマークペアの強さに打ち勝つために、強い球を打とうとしていた松友選手は、遊び心に気がついたのです。ゲームの最終局面で「遊行」に近い技を見せたのです。

後衛の高橋選手が強い球を打ち、前衛の松友選手がラケットを立てて出して、ネットぎりぎりに落ちるゆるい球を打ちました。ここから五ポイント連取して奇跡的な大逆転が起こりました。遊び心はとても大切なのです。

サットン青年は、限りある命を宣告されても、命がけで楽しく生きようとしました。どんな人でも、楽しく生きる自由があるのです。一つか二つ、つらいことがあると、ついつい、楽しく生きる自由があることを忘れてしまいます。遊び心が大切なのです。

どんなときでも、人の役に立つ自由がある

アメリカのケンタッキー大学の研究チームは、楽しく生きる人はそうでない人より免疫力が高くなると発表しています。こういった目標や生きがいをもつことは、人生の中で絶望に陥ったときも、末期がんになったときも、間違いなくいいことなのです。

サットンは、がんに支配されなかった。自分の人生をがんに好きなようにされたらたまらないと怒ったのです。

短くても俺の人生は俺のもの。俺流の生き方で生きたいと、彼はきっと思ったのだと思います。しかも、彼の関心はそれだけではなかった。

楽しいことをしたうえに、誰かの役に立ちたい。がんで苦しんでいるほかの患者さんのために何かできることはないか、と考え始めた。自分の自由だけではなく、がんで苦しんでいるほかの若者たちの自由も考えた。ここがすごいです。

この若者はがんが大腸から、肺、肝臓、骨へ転移をし、一九歳で亡くなりました。彼の言葉はインターネット上で注目を集め、三二〇ポンド（当時のレートで五億五千万円）以上の金額の募金が集まったという。彼は最期まで自由に生きることをあきらめませんでした。

言葉にすること、意識することが大切

すべての人に、「自分を変える自由」があるということです。

この自由に人はなかなか気がつかないのです。そして誰かのせいにしたりしてしまうのです。

自分の中にも変わる自由があると思ったとき、それがパワーになるのです。

繰り返します。**大切なのは言葉です。言葉で意識することが大事なのです。いい言葉がいい人生をつくる、間違いないことだと思います。**

自分の中にいくつかの言葉を蓄えてみてください。

「つながり過剰症候群」に取り込まれるな

スーチーさんは一九八九年に軍事政権に幽閉され、「国外退去すれば自由にする」と交換条件を付きつけられますが、そんなまやかしの自由を、彼女は拒絶し、本当の自由を目指したのです。彼女は幽閉されているときも心は折れず、自由を守る「遊行」の人でした。体を動かせないときは、心を遊ばせればいいのです。

世界は、より大きな自由を目指してきたはずなのに、ますます息苦しくなり、不自由になっているように思えます。いまの時代は「つながり過剰症候群」と呼ばれるほど「人とのつながり」が強調され、みんな必要以上に他人の目を気にしています。

〝下手なこと〟をして友だちを失うのが怖いからです。でもそれが〝しがらみ〟を生み、自分が思うこともいえず、やりたいこともできないようにしているのなら、本末転倒というものです。

いっそ思い切って、しがらみなんてぶった斬ってしまったらどうでしょう。自由を守る勇気が必要なのです。

自分の内面にある本当の自由を獲得するためには、人生と闘う勇気が必要なのです。

その闘いの中に、きっとおもしろい人生が展開されるのだと信じています。

大河の一滴にならない自由もある

あなたには自由があります。自分を変える自由があるのです。

大きな河に流されず、棹《さお》をさす自由があるのです。

流れに抵抗する自由があるのです。

そしていつかその流れに逆らって、川上を目指す自由があるのです。

すべてが大河の一滴のように、下って下って海に流れなくていいのです。

命の一滴は、自分を変える勇気から始まります。

ほんの少しです。自分を変える勇気を。

あなたの中にはその勇気があるはずです。

見えにくいけど、きっとあるはずです。

あなたの革命は必ず起こります。

「遊行」とは力を抜いて跳《と》ぶこと

だから僕はこういいます。

「思い切って跳ぶためには心にまとわりつく〝しがらみ〟という贅肉を削ぎ落とそう」

イギリス出身の二〇世紀を代表する詩人の一人、ウィスタン・ヒュー・オーデンの『見るまえに跳べ』という大好きな詩があります。

世の中にはいろんなことがあり、嫌なことも多い。

「でも、あなたは跳ばなくてはなりません」

このフレーズが、詩の中で何度もリフレインします。いつも僕の頭の中にあります。僕の頭の中でときどき、このリフレインがよみがえってくるのです。

「でも、あなたは跳ばなくてはなりません」

「遊行」とは、いつか必ずくる死を受け入れて生き、遊ぶように、力を抜いて、「跳ぶ」ことなのです。

「遊行」とは「思いやる心」を学ぶこと

スーチーさんは理知的で強い女性です。だから軍事政権を決して甘く見なかった。一歩間違えれば命がない……そんな緊張感と闘い続けながら、「怖がりながらも前に進む」遊行の心を、幽閉されながらも、もち続けていたのではないでしょうか。すごい女性です。

この章の冒頭の、軟禁が解かれ自由の身になったスーチーさんが語った言葉を繰り返します。

「逆境の中で私が見つけた最も大きな喜びは、思いやりの価値を学んだことである」

二一年もの間、幽閉されていた女性が解放されたあと、不自由な世界に対する不安や不満や不信をいうのではなく、「人を思いやる」心やその価値を学んだというのです。すごいことだと思います。

生きていくうえで大切なものがいっぱいあります。でも僕たちは、その大切なものに惑わされてしまうのです。生活を支えるものやお金、人間関係、会社、地域、国家、世界、情報、IT……。

どれもこれも、大切なものです。それらにときには目くらましを食らったり、惑わされたり、かき回されたりしてしまうのが人間なのです。

大切なのは思いやる心。これが愛です。

人間は「愛に満ちた海」から生まれ、死んで「愛に満ちた海」に戻っていく。「遊行」することによって、人々は愛の海に気がつくのだと思います。愛の海の存在に気がついたとき、生き方が変わるのです。

ときには、その人自身が愛の海になってしまう人がいます。スーチーさんもその一人です。あなたも「遊行」することによって愛の海になれるかもしれません。
まずはじめに、自分のまわりに目を配って、見えない世界の向こう側に、心の目で愛の海を探すことが大事なのです。

あなただけの「大切な言葉」をつくる

スーチーさんは、「思いやる」という言葉を心の底に秘めていたのだと思います。その「思いやる」ことの価値を、これから彼女は、現実の世界の中でいかんなく発揮していくでしょう。きっとミャンマーは思いやる心にあふれる国になると思います。

スーチーさんの心の底に溜まったエネルギーあふれる言葉が、たくさんの人に影響を与えるはずです。あなたの心の底にも、あなただけの大切な一つの言葉をつくってみてはいかがでしょうか。

ミャンマーは軍事政権時代が長く、閉じられた国でした。いま、子どもたちの一六パーセントが学校に行けていないといわれています。

スーチーさんは、国民一人ひとりが安心して眠りにつけ、当たり前のように朝を迎え、子どもたちは学校に行き、大人たちが仕事に出ていく。そんな希望の国にしたいと考えているのだと思います。

思いやる心や微笑みがあふれる国に、時間はかかるけれど、きっとなると信じています。しばらくの間、ミャンマーに注目する必要があります。

軍隊が再び自由や民主主義を制圧しないか、一人ひとりが注目することでスーチーさんの背中を支えてあげる必要があるように思います。

いい言葉を心の中で発酵させる

誰だって跳べる。

でも、オーデンのように「見るまえに跳べ」といわれると、足がすくむ。

なかなか跳ぶことができないことを、自分でも知っています。

なかなか跳べない僕でも、勇気とは怖がらないことではなく、怖がりながらも前に進むことなんだと気づかされると、おお、これならできる、と思いました。

人間は悩んだり、迷ったり、逡巡《しゅんじゅん》してしまう生き物なんです。

それでも、考え方をちょっと変えれば、一歩前に出ることができるのです。

少しずつ歩を進める。やがて小走りになる。そして助走をつける。

いつか崖っぷちから飛翔し、空へ舞い上がるときが必ずくるのです。

それを支えるのがいい言葉です。いい言葉は、いつかあなたの中で発酵して、あなただけの大事な言葉になるときがくるのです。

はじめは他の人の言葉でもいいのです。

ずっとあなたの心の中にしまい込んで発酵させてください。


自分の言葉になるのを待っていてください。必ずあなただけのあなたの言葉が生まれてきます。そのとき、行動に移すのです。

あなたは、跳べます。

脱皮できない蛇は滅びる

哲学者ニーチェが生きた時代、たくさんの戦争がありました。個人も自分の人生を守るのに精一杯で、自分を主張して戦い、傷つけ合っていました。悲しみは連綿と続いていた。その悲しみを「永劫回帰《えいごう》」という言葉で、ニーチェは語りました。「どんなことをしても悲しみはなくならない」というニヒリズムが蔓延する中で、「何をしてももうダメだ」という思いから脱却するため「超人思想」という考え方をつくりだすのです。

「愛」のない革命、変革に意味はない！

いま世界中が混乱の中にあります。地球の温暖化が急激に進んでいるのに各国のエゴがぶつかり合って、なかなか有効な方針を決められません。ヨーロッパでは、ギリシャに端を発した経済危機の火種がくすぶり続け、中東ではアラブの春から、国家が溶解しだして、その間隙をぬって、ISが台頭してきました。

ISはイスラム原理主義をねじ曲げて、ねじ曲げて、妄想に近い観念をつくりあげました。誤った観念に基づいたテロリズムは、殺戮や残虐をもたらすだけでした。

愛のない革命も変革も意味がありません。愛がなければ「新しい人間」なんて生まれません。時代を変えることもできないのです。「新しい人生」も始まりません。

彼らの中に大きな愛が生まれることを望まざるを得ません。

混乱する中東からヨーロッパに向け、大量の難民が押し寄せています。世界中に貧困が広がり、難民は世界で六〇〇〇万人を超えました。もうすぐ七〇〇〇万人になりそうです。

日本も同様です。日本社会は長らく不況下で鬱々とした気分に覆われてきました。そこに二〇一一年の東日本大震災が追い打ちをかけ、痛手から回復するにはまだまだ時間がかかりそうです。さらに二〇一六年の熊本地震……。世界も日本も暗雲がたれ込めているかのようです。

こんなときに「超人」が出てきたらいいなと、つい思ってしまいます。人類すべてのために、あるいはこの地球を守るために、世界を動かしてくれるような超人が……。でもそんな政治家が出てくる気配はまったくありません。期待もしていません。

みんな自分の国のことだけを考えるようになり始めました。びっくりするほど内向きです。

〝自分の中にいる超人〟を探せ

歴史の中ではときどき、まやかしの超人が出ました。ヒットラーなんかもそうです。

ニーチェの超人思想を、少し変えて考えてみました。弱い人々と生活をともにし、弱い人々のために闘いながら、少しでも人類のためになり、いい地球へと動かしていく、そんな超人が待たれているように思います。

インドの貧民街で、倒れそうになっている命に寄り添い続けたマザー・テレサや、人間の権利を奪われた黒人のために、非暴力で闘い続けたキング牧師などは、超人の一つのモデルだと思います。

マザー・テレサやキング牧師は「愛の海に生まれ、愛の海に還っていく」人間の一つの生き方を示しています。「遊行」とは愛の海に還っていくための大切な時間なのです。

でも、そういう人を待ち望むだけではいけません。一人ひとりが、自分の中に眠っている超人になれるパワーや魂を、取り出していく心意気が大事だと思います。自分に革命を起こす必要があるのです。

どんな人でも超人になれるはずです。まず、自らを〝疑って〟みることです。

曖昧な時間を流していくだけではなく、ときには大河の流れに逆らい、誰かのために生きようとする熱い思いを、自分の眠りの中から、覚醒させることができるはずです。

まず「自分の中にも、きっと何かがあるはずだ」と、疑ってみてはどうでしょうか。すべての人に、可能性はあるはず。

「遊行」を意識し始めているあなたなら、できるはずです。

現実の向こうにある「本質」を見よう

いまある陳腐な理想や道徳でなく「もっと力強い、高貴な理想や道徳を一人ひとりが自覚し、より大きくなれる」とニーチェは語っている。そう僕は読み解いています。

自分の中にいる「超人」を探すことが大事なのです。自分の中に眠っている優れたものを揺り起こす必要があります。

いま、世界は不安定です。でも、自分自身に革命を起こせば、あなたの人生は変わっていきます。そういう人が少しずつ増えていくことが、僕たちの世界を住みやすくしていく……。僕はそう信じています。

そのためには、現実と本質の両方を見ていくことが大事。それを僕はニーチェから学んでいます。彼は『曙光』の中で、「現実をしっかり見ろ。同時に、その現実の向こうにある本質を見ることが大事だ」と語っています。

二〇一五年一月七日、フランスの風刺週刊紙『シャルリー・エブド』を発行する本社が襲撃され、一二人が殺されました。このテロリストが数日前、パリのパン屋さんで、お金のない子どものためにパンを買ってあげる姿が目撃されています。彼らにも「同じ人間の血」が通っている。それが本質です。

「そういう本質を見極めろ」というニーチェは、決して「虚無主義の哲学者」ではなく、希望の哲学者だと、僕は信じています。

「新しい人生」を始めよう

こんな時代だからこそ、「新しいやり方を探さなければ、我々は滅びる……!」という、ニーチェのこの言葉が重い意味をもつのです。いつまでも古い習慣にとらわれていたら、やがて内側から腐っていく。そこで、これまでの習慣を変え、考え方を新陳代謝させていかねばならない……。それも「小手先の方向転換」ではなく「根本からの大変革」が必要で、それが「脱皮」ということです。みんなが「脱皮」の気持ちをもたないと、地球は滅びてしまいます。

一人ひとりが、意識して「新しい人生」を始める必要があります。新しい感覚をもった「新しい人間」を生み出さなければ、世界はにっちもさっちもいかなくなってしまいます。

一人ひとりがみんな自分の中で「革命」を起こす必要があります。

これまで「怒らない」「憎まない」などのテーマで本を書いてきた僕ですが、じつは大きな憎しみにとらわれたことがあります。一八歳のときのことです。はじめて僕は小さな抵抗をしました。いい子を演じ続けていた僕が思いがけず抵抗したのです。「貧乏人は働けばいい」という父の言葉に、体ごと、育ての父に向かってぶつかりました。

ぶつかり合いはそれなりの効果を生みました。大学受験の許可が出たのです。

自由に生きていいといわれました。ここで自分が変わらなければ、自分の人生は切り開けないと強く思いました。ものすごく勉強をする子になりました。それでも、ここでもいい子を演じる姿から十分に脱却はできなかったのです。

いまから思えば、もっと徹底的に〝自分の革命〟をすればよかったのです。

父とぶつかり合った後が大切だったのです。それを僕は、いまでも後悔しています。このときもっと大きな脱皮が必要だったのです。

自分革命が必要

新しい親に引き取られて以来、常に「いい子でいなければいけない」と自分にいい聞かせてきたように思います。反抗期らしい反抗期はなく過ごしてきました。

ニーチェは、「自我の二重化」とか「分身」という言葉を使いながら、一人の人間が簡単に〝一色〟では表わせないことを述べています。

一八歳の僕は、なんだか訳のわからない憤《いきどお》りを抱え、貧乏で自分の思い通りにならないことにイライラしていたのだと思います。ニーチェがいう「むき出しの憤り」を感じていました。

でもそれは、僕のような人間が〝生き直す〟ために必要だったのです。「カマタがカマタとして新生する」ための大事なときだったのです。だからこそ、もっと怒るべきだった。

自分で自分を怒るべきだったのです。

高校三年生の夏、父の首をしめたあと、泣きながら父から自由をもらったとき、本当は家を出ればよかった。

自分の足で、困難や苦悩や孤独にもっと向き合えばよかった。

それまでの〝しがらみ〟を見直し、世界へと大きな広がりをもつチャンスでした。そうすれば、僕はもっと大きな脱皮を果たしていたはずです。

「いい子」を演じる必要はない

でも僕は怒りきれなかった。「父に手を出し、とんでもないことをしでかしてしまった」と自分を責め、その気持ちから〝もっといい子〟の仮面をかぶるようになったのです。

「もし、あのとき徹底して怒りきっていたなら、僕はもっと思いきった人生を送れたのではないか？」という気持ちが頭から離れないのです。

「あのとき、本当の『自由なる自由』をつかんでいたら、もっと社会や世界のために生きられたのではないか」「ランボーのように、もっとヤンチャで、怖いモノ知らずの『自由の旗手』になっていたかもしれない」と、後悔しています。

周囲からは、「鎌田ほど自由に生きている奴はいないよな」といわれます。確かにそう見えるでしょう。でも僕の本心は「違う！」と叫んでいます。僕の行動は単に「みんながやらないことをやってきただけ」でしかなく、「本当は、自分はもっと自由に生きられたんじゃないか」という思い……。「贅沢だ」と非難されるかもしれません。でも「本当の僕は、そんな〝いい子〟じゃない！」と叫びたいくらいでした。「なぜ、産みの親たちは僕を捨てたんだ……」という「怒り」を取り戻してもいいのではないか……と。

産んでくれた父と母のことは一切覚えていないけど、それぞれが一所懸命生きるために苦渋の選択をしたんだろう、いままでは、こんなふうに考えて自分の心を鎮めていました。喜んで僕を捨ててはいない、と勝手に思い込んだのです。自分がかわいくて、楽な解釈をしたのです。

自分の欠点から目をそらすな

「自分に同情するな」と、ニーチェはいっています。僕は自分に同情してしまったのです。ここでもいい子を演じていたのだと思います。もしかしたら「反抗期」がいままでなかったのかもしれません。恥ずかしながら……です。

悩み続けた結果、もっと熱いものがあってもいい、素直に自分の怒りを出してもいいと、いまは思うようにしています。ニーチェはまた『悦ばしき知識』の中で、「強くなるためには、悪や毒が必要。こんな悩みのタネですら、人間にとっては大事なのだ」と語っています。憎悪や嫉妬や欲望や暴力という、とんでもない自分の欠点のように見えるものから目をそむけてはいけないのです。その言葉にふれて、僕はとても気が楽になりました。

自分の中にある冷たさや、自我の大きさに気がついていくことが大事。自分を疑い、自分を変える勇気が必要だと気づきました。

だから最近は、「怒らないなんていっていないで、ときどき怒れ」と自分にいい聞かせています。とんでもないことをされたら、自分の中の怒りの感情を見て見ぬ振りをせず、湧いてきた憤怒の力をエネルギーに変えて生きよう。もっと、悩んだり迷ったりして、せっかく生まれてきたのだから、そして近々死んでいく人生の中で、生まれてきた意味を確認したい。せっかく命をもらったのだから、その命をフルに使ってみたい。そう思うようになりました。

いままさに僕は遊行期を生きています。でも何度も書いたように、物心がついたときから遊行が始まっていたと思います。人生はすべて遊行だ、そう思ってきました。

「ルサンチマン」という憤怒が大切

ニーチェを最も有名にした『ツァラトゥストラかく語りき』を書かせた女性がいます。ルー・アンドレアス・ザロメ。ユダヤ系ロシア人の将軍の娘として生まれ、とても魅力的な女性だったそうです。その美貌とインテリジェンスの高さに、出会う男性はみな恋に落ちていった。詩人リルケも、ザロメに会えなければ、あれほどの詩をつくれなかったといわれるほどでした。

ニーチェも恋をしました。ニーチェ三八歳、ザロメ二一歳でした。哲学者で医師のパウル・レイもザロメに恋をし、ニーチェとの三角関係になりました。

みんな愛の海を泳ぎました。ときには溺れる人もいました。みんな愛の海に還っていくために「遊行」をしていたのだと思います。

ニーチェは北イタリアのスイス国境にあるモンテサクロの山に、ザロメと旅をするのですが、「思い出すだけで気が狂いそう。自分の人生でもっとも美しい夢を見ることができた」とも述べています。

ニーチェはザロメに求婚しますが断られてしまいます。そして失恋の孤独感から逃れるためイタリアに渡り、わずか一〇日間で『ツァラトゥストラかく語りき』を書いたといわれます。

主人公ツァラトゥストラは、三〇歳のとき故郷を捨て、山に入りました。精神の世界に遊び、孤独を一〇年間楽しみ、山を下りて、人間の中に下り、太陽のように、大切な何かを与えるものになろうとしたのです。

まさにツァラトゥストラは、山の中で「林住期」を生き、山を下って「遊行期」を開始したのです。『ツァラトゥストラかく語りき』は「林住期」から「遊行期」の話なのです。

ニーチェの中にはルサンチマン（憤《いきどお》り、怨恨《えんこん》などの感情）という憤怒があふれていました。

大切な人を亡くす絶望、事業の失敗、失恋、災害……。

そんなとき、ルサンチマンという憤怒があっていいのです。

「遊行」とはダメな自分から脱皮すること

ニーチェも一生、迷い、悩み続けた人のようです。ザロメという女性との失恋の中で、「人生は苦しみの連続だ。その苦しみを生んでいるのは欲望。しかしその欲望が強い力を生み出す。だから自分の心の奥にある怒りやルサンチマンという憤怒や、こうなりたい、これがほしいという強い欲望が大事」と述べています。

僕はニーチェを読んでいて、「人生、なんでもあり、失敗しても成功しても、そんなのは小さなこと」と思えてきました。

怒るときには怒ればいいのです。それがエネルギーに変わっていく……。そう考えたら、少し生きるのが楽になったような気がします。

忘れないでください。人生の生き方を少し変えてもいいのです。自分を変える自由は誰にもあるはずです。事業に失敗したり、会社を首になったり、失恋したり――生きていると、絶望的になることが必ずあります。

そんなときこそ、自分に革命を起こすチャンスだと考えればいいのです。

ニーチェの言葉を忘れないでください。

脱皮できない蛇は滅びる。「遊行」とはダメな自分から脱皮することです。

渇望して生きろ！ときにはバカになれ！

スタンフォード大学卒業式の祝辞で、アップル社創立者の一人スティーブ・ジョブズはこう語っています。

「あなた方の時間は限られている。だから、本意ではない人生を生きて時間を無駄にしないでほしい。他人の考えに溺れるあまり、内なる声がかき消されないように。何より大事なのは、自分の心と直感に従う勇気をもつこと。あなたの心や直感は自分が何をしたいのか知っているはずだ」

「内なる声を聴け」とはよい言葉です。人間は最初、裸で生まれてきます。だから「格好つけずに時に裸になって、自分の心や直感に素直に従え」が彼の信条。

外の声を聴くことは大切だが、それにとらわれるな、内なる声が新たな創造を生むというのです。

「遊行」とは内なる声を聴くこと

「時間を無駄にするな」というのは、人生の有限さをよく知っていたからかもしれません。「人は生まれ、ほんの一瞬生き、そして死ぬものだ」が彼の哲学です。

彼は禅に興味をもっていました。京都を訪れ、禅の本を読み続け、インドまで修行に行ったりしている。そこで〝刹那〟の大切さ、つまり「生きているのは一瞬なんだ」と達観した。だから怖がらずに勇気をもって世界を変えることに挑戦できたのです。

ジョブズも若い頃から「遊行」を生き、自分革命をした人でした。直感を大事にして、内なる声を聴くのが、彼の「遊行」のスタイルでした。

また、彼はこのような言葉も残しています。

「自分がまもなく死ぬという認識が、重大な決断を下すときに一番役立つのです」

若くして、刹那を生き、死を意識して「遊行」していたのだと思います。

ジョブズがインターネットという武器を通じて、世界に影響を与えたのは、誰もが認めるところ。アイフォンやアイポッドなどで、人間のコミュニケーションのあり方を一気に変えていきました。

ジョブズは二五歳で株式を公開し二億ドルを手に入れる。しかし三〇歳でアップル社を追放されてしまいます。でもそのとき、「これほど幸せなことはない」と語っています。

「将来に対する確証はもてなくなった。私は解放され、人生で最も創造的な時期を迎えた」と。

真の自由を目指したい

クビになったのに、「私は解放された」と述べている。言葉で意識することが大事なのです。自分の会社をクビになったとき、まさに彼に革命が起きたのです。

このときジョブズが、俺はなんて不幸なヤツなんだ、俺を追放したアップル社のヤツらを呪ってやる、なんて考えていたら、革命は起きなかったと思います。嫉妬も愚痴も、革命には不必要。あなたの革命を起こすためには後ろを振り向かないことです。愚痴をいわないことです。

インド生まれの思想家で瞑想家の、ジッドゥ・クリシュナムルティは『最初で最後の自由』の中で、「真の解放は創造的な実在の内面の自由」と語り、「実在はあるがままを理解することの中にのみ見出すことができる」と語っています。

どんなにまわりからひどいことをされても、創造的な内面の自由がきちっと残っていれば、すべてを受け入れることができる。自分のなすべきことややりたいことが、必ずときとともに見えてくるのです。

旅をしながら人間の自由を考え続ける人でした。彼ももしかしたら「遊行」していたのかもしれません。**「遊行」していると、常に自分の中にある自由を信じる生き方につながっていきます。**

ジョブズが解雇された理由はいろいろのようです。「傲慢だ」とか「妥協しないのが問題だ」とか……。こうした性格の人間は、業績が好調のときにはリーダーとして崇められますが、ひとたび風向きが変わると、一身に非難を受けるものです。

ステイ・フーリッシュという「遊行」

このときの彼の気持ち、「解放された」「自由になった」は、正直な気持ちだと思います。でも、心はそう簡単ではないはず。

心の裏には、なんで俺がつくった会社から俺が辞めさせられなければいけないんだ、という怒りや、俺をのけ者にして残りで仲よしクラブのような会社をつくろうとしている連中のことを、クソッタレと、ほんのわずかでも憎しみの思いがあったのではないかと勝手に推測しています。

だからこそ彼は自由になったあと、新たにピクサーという会社をつくります。ハリウッドで「トイ・ストーリー」というアニメーション映画をつくり出し、画期的な大ヒットを記録し、脚光を浴びます。

ちょうどその頃、ディズニーは不振が続いていた。ピクサーは一時期、ディズニーと合体し、ディズニーの筆頭株主になった。するとその後、ディズニーは熱いパンチ力のある作品を次々生みだしていくように、組織の空気が変えられていきます。

スティーブ・ジョブズの言葉の中で、僕が最も好きなものがあります。

「ステイ・ハングリー、ステイ・フーリッシュ」

僕は心の中でこんなふうに訳しています。

「渇望して生きろ！　ときにはバカになれ！」

「狂って生きる」は、「遊行」の精神そのものです。

アップル社を立ち上げたときも、アップル社を辞めさせられたときも、そしてハリウッドで成功したにもかかわらず、アップル社が潰れそうになって、再建のために自分を裏切った会社に舞い戻ったときも、彼の心の中にあった熱い思いが、

「ステイ・ハングリー、ステイ・フーリッシュ」だったのではないかと思います。

すでに、世界でも指折りの成功者になったジョブズは、**お金や名誉のためではなく、どんな場でも、どんな空間でも、どんな状況でも、やりたいことをやろうという狂おしいような渇望があったのではないかと勝手に思っています。**

「遊行」とは裸になること

ときには人間は行儀よさから外れてもいいのです。自分に正直に、渇望して生きること、そしてときにはステイ・フーリッシュであることが大事なのではないか、と自分自身にいい聞かせています。

僕は、自分のルーツが気になって実の親探しをしたことがあります。すでに父は亡くなっていましたが、お墓に詣でたら想像以上の大きさ。実の父は、ある業界をつくりあげ、長く君臨し、とても成功した人のようでした。墓前に手を合わせたそのとき、「人生はうまくできているな」と感じたのです。

もし僕が、人生に成功した実父の息子として育てられていたら、僕は父のつくったものを動かす歯車にすぎなかったかもしれません。この成功した父から捨てられ、裸になったことは大事なことだったのだと思っていました。

にもかかわらず、**僕は愛に飢えています。渇きを感じています。**いままで言葉にはしてこなかったが、「この野郎、なんで俺を捨てたんだ！」と、まったく記憶のない父親に対して心の奥のどこかに、怒りが充満しています。ルサンチマンです、わかっているけど、怒っています。

でも、捨てられるということは、身軽になること。いくらでも、バカになっていいということです。ジョブズがいうように、「ステイ・フーリッシュ」。一度きりの人生、もっと狂っていいのかもしれないと、自分にいい聞かせています。

ジョブズはすべてを失ったときに、身軽に感じた。「これで挑戦がしやすくなる」と。もしいま、すべてを失った人がいたら、とても「よかった」などと考えられないでしょう。でも**〝裸でいる〟ことの大事さにも気づいてほしい。**「遊行」とは裸の自分にもどることです。

「愛の海」に飢えていてもいいんだ

じつはジョブズも両親に〝捨てられた〟子どもでした。両親は学生同士で同棲生活を送っていたのですが、結局、両親は別れてしまいました。

母親一人の力では彼を育てることができず、養子に出されました。養父は手作業が好きな人で、ジョブズは小さな時分から養父に手作業を教わり、それがやがて彼をコンピュータという世界に導いていく。

彼が破天荒な生き方をし、叩かれて放り出されてもへこたれないのは、そういう生い立ちの中で培われたものだと、僕は確信しています。

ちなみにジョブズはビートルズが好きでした。僕もジョン・レノンが大好きです。そういえばジョン・レノンもジョブズと生い立ちがよく似ています。ジョン・レノンの父親は船員で、航海中に行方不明になってしまいます。母親は夫がいなくなって心の支えを失ったのか、次々と男を変える生活をし、ジョン・レノンは母親のお姉さんのところに預けられ、荒れた青春期を過ごしました。

彼らは「愛の海」に飢えていました。

ジョン・レノンも若くして「遊行」の味を知っていたのではないでしょうか。

人の評価に負けないで

ジョン・レノンの高校時代の指導記録がロンドンの競売に出されました。二五〇〇ポンド（当時のレートで約四五万四千円）で落札されました。記録によると、宿題をしていないとか、態度が無礼など、五つのことが指摘されています。授業妨害や大幅な遅刻などもあったようです。若い人は、ジョン・レノンの通信簿を見ると安心できます。通信簿や指導記録は未来を決定しないということがわかるからです。

通信簿の中の生活評価がどれほど悪くても、あきらめてはいけないのです。

みんなと違うということは、もしかしたら大きなことができる可能性があると

いうことです。

僕たちには自由があります。指導記録にも通信簿にも束縛されない自由があるのです。人の評価に負けないでください。人の悪口に負けないでください。

自分で自分の通信簿をつくるといいかもしれません。あなたの中にもきっといい点がいっぱいあるはずです。外の人には見えないあなたの魅力が必ずあるはずです。

その魅力に最高点をつけてあげればいいのです。

そこに「努力」と「時間」という投資をすればいいのです。

必ずあなたの人生は変わり始めます。

あなた自身の革命が始まります。

「遊行」している人間は深みがある

レノンの反抗的な性格や権威への不遜な抵抗は、すでに一五歳の頃にあったようです。何に怒りを向けていいかわからない、けれどとにかく、レノンは怒っていたのだと思います。レノンも何かに渇望していたのだと思います。そして愛に飢えていた。そして「遊行」していたのだと思います。彼も禅に興味をもっていました。

「遊行」のテイストをもっている人は、人間としての深みを感じさせます。

ジョン・レノンもスティーブ・ジョブズも、愛に飢え、心の中に爆発寸前の怒りのようなものがあったのではないでしょうか。誰にぶつけるわけにもいかない、どうしようもない怒り、どこにぶつけたらいいのかわからない怒りが、間違いなくあったように思います。

その「渇望感」を何かにぶつけたくて仕方がない。その怒りが彼らのエネルギー源になり、音楽に革命を起こしたり、ＩＴの革命をもたらしたのだろうと思います。

たとえ生い立ちが不幸だとしても、人間はいつまでも不幸ではいられません。必ず、その不幸から解放されるポイントがあるのです。

「怒らないで」なんていわないで、心の奥底で怒っている自分を肯定していいのです。

怒れ、怒れ。他者に暴発するのではなく、自分の中で暴発させて、生きるエネルギーにするのです。そのエネルギーで人生に挑戦するのです。もっと怒れ。

……すると人生は、おもしろい方向に変わっていくはずです。

「新しい人生」の始まりです。あなたは、「新しい人間」になるのです。

自分に正直になれば、誰だって、自由になれるのです。

生い立ちなんてよくても悪くても、どっちでもいい

スティーブ・ジョブズやジョン・レノンは、成長期に愛に飢えていた。しかし、生い立ちが厳しくないとおもしろい人生や魅力的な性格はつくられないのかというと、そんなことはないと思います。

ジョン・レノンと結婚したオノ・ヨーコは、日本の恵まれた上流階級で、厳格に育てられました。オノ・ヨーコは、「生きるということは、結局自分を愛する

ことだ」と述べています。

ヨーコも愛に飢えていたのでしょう。ノドをカラカラにして何かに渇望していた。**最も大切な自分が、自分らしくあり続けること**にヨーコはこだわりました。

ヨーコとレノンが出会ったことは二人にとって大きな出来事でした。最後のところは**「境遇がよい」とか「悪い」とかに関係なく、どれだけピュアで、自分に正直になれるかが大事。**二人の出会いが、その意識を確実なものにしました。

「遊行」を生きるとみんな格好よくなる

恵まれた生活をしていれば渇望感がないかというと、そうではない。必ずあるはずです。食べることは満たされていても、心の飢えはあるはずです。

太宰治は、何不自由ない恵まれた家庭で育ちました。乳母に育てられました。母親の愛に飢えていました。

彼も愛の海で「遊行」していたのです。

人との出会いの中で、自分の中にあるものに気がつくこともあります。仕事に夢中になっているときに、自分の中に隠れていたパワーに気がつくこともあります。人に裏切られて、絶望の中で、自分の中にあるハングリー精神に気がつくこともあります。

人生につまずいている人は、自分を否定せず、自分の中には肯定できるものが必ずあるはずと疑って、自分を見直してみてください。必ず見つかるはずです。

ジョブズもレノンもヨーコも、太宰も、尾崎豊も、柴又の寅さんも、ランボーも、激しく、ちょっとおかしいけれど、自分に正直でした。そして愛に飢えていました。

「愛」なのです。愛が「新しい人生」を起こすのです。

ジョブズは、生きているのは一瞬なんだ、といいます。誰だっていつかは死ぬし、そのときにはもう、プライドや失敗などなんの関係もないという。僕も同じように考えます。

ジョブズは好奇心が強く、常に学ぶ人でした。生きている間ずっと学生期を生きていた。その間も「遊行」の精神があった。ときには家住期を生きながら、一貫して彼の中にあったのは「遊行」ではないか。僕には「遊行」を生きるスティーブ・ジョブズが見えてきました。

ジョン・レノンがビートルズの他のメンバーと比べて、**明らかにかっこいいのは、「遊行」の空気があったからではないだろうかと思います。**生きているのは一瞬です。生の後ろ側にはいつも死が控えています。このことを意識したとき、はじめて「生」が輝いてくるのです。

「遊行」を意識するとチャレンジ精神が湧いてくる

ジョブズの場合は、機械いじりが好きな父親と出会い。ジョン・レノンのほうは母親がバンジョーを弾いていたので、その影響でギターを弾くようになったこと。それが成功のきっかけになりました。

スティーブ・ジョブズやジョン・レノンから学べることは、**「遊行」を意識す**

れば怖いものがなくなり、チャレンジ精神が生まれるということです。

若い人は、いくらでも失敗していい、何度でも壁にぶつかっていい。いつもハングリーな精神を忘れないようにしてほしい。そしてときどき、**狂うほどの渇望感をもって、自分の夢に全力投球してほしい。人生はどうにでもなるのです。**

若い人だけではありません。たとえば中高年でも、「まだまだこれから」と考えれば、新しい世界が開けるはずです。いま六〇歳ならこれから二〇年、思い切って自由に生きればいい。

八〇歳の人も同じです。生きている限り、一回だけの人生を楽しみ尽くすと熱く思い続けてみてください。難病や、障害や、がんで苦しんでいる人も、熱く生きられるはずです。

僕たちは遊ぶ人間、ホモ・ルーデンスなのです。楽しみ尽くすことが大事なのです。病気で寝たきりになっていても、スーパーまで、自分で買いたいものを自分の目で選ぶために、車イスででも小さな「旅」を始めればいいのです。じっとしていないことです。小さな「遊行」なら誰でもできるのです。

もう一度いいます。人生を楽しみ尽くすことが大事なことだと思います。誰にでもできるはずです。

ほんの少し考え方を変えればいいのです。もっと力を抜いて、壁にぶち当たっていけばいいのです。新しい人生がきっと待っているはずです。

所詮、人間はいつかは死ぬのですが、それまでにまだいろんなことができるんだ……、そう考えれば、人生はおもしろくなっていくはずです。

人生は短い。そして人生は残酷だ。必ず波がある。いいときもあれば、悪いときもある。だからおもしろいのです。忘れないように自分によく、いい聞かせています。

ステイ・ハングリー、ステイ・フーリッシュ。

あとがき

この本は、月刊『清流』で、二〇一二年五月号から連載を始めた原稿をもとにしています。約五年がかりで、この本ができました。

連載をもとにしていますが、一年以上かけて大幅に書き換えました。

一二四の小見出しに自分の思いをたっぷりと載せてみました。ぜひ、小見出しにも注目してください。

ここで選んだ先達の言葉は、ほとんどカマタ流に意訳したり、超訳したものです。もちろん、カマタの中で発酵した言葉もあります。カマタの生き方を支えているカマタの言葉もたくさん書き加えました。

ライティングでは未来工房の代表の竹石健さんに、編集では清流出版編集部の古満温さんに五年間、熱い応援をいただきました。
この本ができあがるまでに、二〇回ほどの書き換えをしてきました。いい本をつくりたいという、僕の異常なこだわりで、とくに古満さんには苦労をかけてしまいました。お二人に心からありがとうを贈ります。

二〇一七年一月

鎌田 實

文庫あとがき

遊行という新しい生き方

四住期にこだわって、一冊の本を書いた。

人生の晩年は、その始まりを林住期、最晩年を遊行期と分けられている。

林住期は、世俗を離れ、人生とは何か、生きるとは何かを考える時期といわれているが、懸命に働き、家庭をもち、家を建て、子どもを育てる家住期が終わったあと、家に閉じこもる林住の「静」の時代を、自分としては好きになれなかった。

それよりは人生の最終版、遊ぶように最期の場所を求め、何にもとらわれない遊行の生き方のほうが、人生をおもしろく豊かにするのではないかと考えた。単純に、「動」の遊行期のほうがおもしろいと思った。

厚生労働省の研究で、楽しむのが下手な男性は、心筋梗塞の発症率が一・九倍高いというデータが出ている。人生を楽しんだほうが、健康にもいいのだ。

遊行期は、人生の締めくくりの時期といわれている。人によっては、解脱（煩悩から自由になること）を目標にする時期だという。でも僕は、文字どおり「遊びに行く」時期だと考えた。この時期こそ自分の好きな仕事ややりたいことをするチャンスなのだ。

会社を作ったり、地域のために働いたり、子どもを育てたり、人生の一仕事は終わっている。もっと自由になって、いいんじゃないかと思った。

「弾けろ」「彷徨《さまよ》え」「突出しろ」と自分にいい聞かせた。

インドでは遊行期、家から離れ、巡礼をしながら死に場所を探してゆく。四国の巡礼のように、遊行の人に接待が行なわれるという。

遊行期はなんでもあり。

死は間近にせまっている。

怖いものはない。

人は必ずいつか死ぬ。

ぼくら人間は、ホモ・サピエンス（知恵のある人）といわれているが、ホモ・

ルーデンス（遊ぶ人）ともいわれる。僕たちは、遊ぶ生き物なのだ。

今まで、家族のため、会社のためなどと思って丁寧に生きてきた人は、もっと弾けて突出して生きていい。完全支配されて生きてきた人は、支配されない生き方を目指していい。形にこだわって生きてきた人は、型破りになっていいのだ。

遊行期になれば、自由になる。自分に正直になるから、より自分流になることもできる。遊行期を意識しだすと、こだわりがなくなる。自然と利他的な意識が芽生えてくる。遊行期は、自分に正直に、利己的と利他的をごちゃまぜにして生きていけばいいのだ。

林に一人入りこんで、人生のことを考える林住期よりも、遊行期はさらに孤独の度合いがます。しかし決して悲劇ではない。本当の自分に出会える大切な時期だ。怖いもの知らずで、精神的に強くなり、より自由になれる。

「遊行」という新しい生き方に、こだわった。

年齢を重ねていくことは、無欲になり干からびていくことではない。人間にはいろいろな欲望がある。しがらみや執着は無用だが、人生を豊かにしたり、体に喜びを与えてくれる欲望はもち続けていいのだ。

大切なことは、面白く生きること。最後までジタバタしていていい。あがき続けた結果、野垂れ死にするならそれも本望。本物の遊行だ。人生をおもしろく生きた者の勝ち。

どんな年代の人にも、当てはまるように思う。僕たちは遊ぶために生まれてきた。「学生期」でも、「家住期」でも、「林住期」においても、「遊行」を意識することで、もっと自由に、大胆に生きることができるのではないかと、この本では繰り返し書いた。

インドの四住期は、きれいに四つの縦割りになっているが、四住期は重なり合ってもいいと考えることによって、生き方がもっと自由になるのではないかと思った。

若くして起業し、ビジネスに成功している人たちはみな、学生期、家住期から、遊行のテイストをもっていることに気がついた。

自分自身も、学生期のときから遊行の精神が満々とあったように思う。若い時期から、人間はいつか死ぬ生き物だというのを意識していたことが大きかったと思う。
親に捨てられたときから、死を恐れなくなった。いつ死んでもかまわないと思うようになった。今、突然死が襲ってきても、「よっしゃ、オッケー」と受け入れることができそうに思っている。

彷徨うことを恐れず、突出し、弾ける生き方がどのくらいできるか、自分の大きさを見つめ直している。

元気な中高年に、ぜひ読んでもらいたいと思ってこの本を書いた。さらに、若い人、働き盛りの人、林住期の人たちにも、遊行という新しい生き方を加えることで、人生はもっとおもしろくなるのだと知ってほしいと思う。

この本をおもしろがってくれ、文庫化に奔走してくれた大和書房編集部の三輪謙郎さんに心から感謝します。

二〇二一年十月

鎌田 實

参考・引用文献

『世界名言大辞典』梶山健編著　明治書院
『信念・勇気・決断　座右の銘』本の泉社編集部編　本の泉社
『上手に使う名文句』岡田光治監修　家の光協会
『世界名言集』岩波文庫編集部編　岩波書店
『ポール・ゴーガン』インゴ・F・ヴァルター著　TASCEN
『ディラン・トマス全詩集』松田幸男訳　青土社
『ドストエフスキー』井桁貞義著　清水書院
『日はまた昇る』アーネスト・ヘミングウェイ著　高見浩訳　新潮文庫
『キリマンジャロの雪』アーネスト・ヘミングウェイ著　龍口直太郎訳　角川文庫
『老人と海』アーネスト・ヘミングウェイ著　福田恆存訳　新潮文庫
『武器よさらば』アーネスト・ヘミングウェイ著　石一郎訳　角川文庫

『アインシュタイン150の言葉』ジェリー・メイヤー／ジョン・P・ホームズ編　ディスカバー21
『相対性理論』アルベルト・アインシュタイン著　内山龍雄訳　岩波文庫
『アインシュタイン人生を変える言葉101』志村史夫監修・訳　宝島社
『ジャン・ジョレス1859〜1914』ヴァンサン・デュクレール著　大嶋厚訳　吉田書店
『臨済・荘子』前田利鎌著　岩波文庫
『チャーリーとの旅』ジョン・スタインベック著　竹内直久訳　ポプラ社
『カミュ全集』アルベール・カミュ著　佐藤朔／高畠正明編　新潮社
『新しい人生』オルハン・パムク著　安達智恵子訳　藤原書店
『空海黄金の言葉』宮下真著　名取芳彦監修　コスモ文庫
『空海「即身成仏義」「声字実相義」「吽字義」』空海著　加藤精一編集　角川ソフィア文庫
『空海人生の言葉』川辺秀美著　ディスカバー21

『空海「折れない心」をつくる言葉』池口恵観著　知的生き方文庫
『カフカ小説全集』フランツ・カフカ著　池内紀訳　白水社
『変身』フランツ・カフカ著　高橋義孝訳　新潮文庫
『絶望名人カフカの人生論』フランツ・カフカ著　頭木弘樹訳　新潮文庫
『希望名人ゲーテと絶望名人カフカの対話』ゲーテ＋カフカ著　頭木弘樹訳　飛鳥新社
『いまさら入門　親鸞』川村妙慶著　講談社文庫
『歎異抄』金子大栄校注　岩波文庫
『梅原猛の「歎異抄」入門』梅原猛著　ＰＨＰ新書
『地獄の季節』アルチュール・ランボー著　小林秀雄訳　岩波文庫
『ランボー全詩集』アルチュール・ランボー著　宇佐美斉訳　ちくま文庫
『ランボー全詩集』アルチュール・ランボー著　鈴木創士訳　河出文庫
『ランボーの言葉』野内良三著　中央公論新社
『アウンサンスーチー演説集』アナウンサンスーチー著　伊野憲治訳　みすずライブラリー

『増補復刻版　ビルマからの手紙』アウンサンスーチー著　土佐桂子／永井浩訳　毎日新聞社
『オーデン詩集』ウィスタン・ヒュー・オーデン著　深瀬基寛訳　せりか書房
『ツアラストゥラ』ニーチェ著　手塚富雄訳　中央公論文庫
『スティーブ・ジョブズ名語録』桑原晃弥著　ＰＨＰ文庫
『スティーブ・ジョブズ全発言』桑原晃弥著　ＰＨＰビジネス新書
『スティーブ・ジョブズ　夢と命のメッセージ』ジョージ・ビーム編　竹内一正訳　知的生き方文庫

本作品は清流出版より2017年1月に刊行された『遊行を生きる』を改題し、再編集して文庫化したものです。

鎌田 實（かまた・みのる）
1948年東京都生まれ。医師・作家・諏訪中央病院名誉院長。
東京医科歯科大学医学部卒業。74年、長野県の諏訪中央病院に赴任。以来40年以上にわたって地域医療に携わる。日本チェルノブイリ連帯基金理事長、日本・イラク・メディカルネット（JIM-NET）代表として、被災地支援にも精力的に取り組んでいる。2006年、読売国際協力賞、11年、日本放送協会放送文化賞を受賞。ベストセラー『がんばらない』『鎌田式「スクワット」と「かかと落とし」』（集英社）、『1％の力』（河出書房新社）など著書多数。

だいわ文庫

70歳《さい》、人生《じんせい》はもっと楽《たの》しくなる

著者　鎌田《かまた》 實《みのる》

二〇二一年一〇月一五日第一刷発行

発行者　佐藤 靖
発行所　大和《だいわ》書房
東京都文京区関口一－三三－四 〒一一二－〇〇一四
電話 〇三－三二〇三－四五一一

フォーマットデザイン　鈴木成一デザイン室
本文デザイン　齋藤友貴（Isshiki）
本文印刷　信毎書籍印刷
カバー印刷　山一印刷
製本　ナショナル製本

ISBN978-4-479-30886-7
乱丁本・落丁本はお取り替えいたします。
http://www.daiwashobo.co.jp